Weihnachten
mit
Trude Marzik

Weihnachten mit Trude Marzik

Vignetten von Birgitta Heiskel

ZSOLNAY

1. Auflage

Lektorat: Ilse Walter
Umschlagillustration: Original Elli Riehl Puppe aus der Elli Riehl Puppenwelt in Treffen bei Villach.
Alle Rechte: Verlag Franz Schilcher, 9020 Klagenfurt
Umschlaggestaltung: Werner Sramek, Wien
Druck und Bindung: Wiener Verlag Himberg bei Wien
Printed in Austria/Germany 1992

CIP-Titelaufnahme der Deutschen Bibliothek:
Marzik, Trude: Weihnachten mit Trude Marzik:
Geschichten und Gedichte/Trude Marzik.-Wien: Zsolnay, 1992

ISBN 3-552-04427-2

und dabei verklärt lächeln, denken wir an Vergangenes, an Kinderzeit und Lichterbaum und Elternhaus.
Wenn wir „Weihnachten“ sagen und dem Wort einen tiefen Seufzer nachschicken, denken wir an das Fest, das uns bevorsteht, das viel Geld und Streß kosten wird und von dem wir hoffen, daß es bald vorbei ist.
Kinder freuen sich noch auf Weihnachten, und vielleicht auch noch sehr junge Paare, die sich händchenhaltend vor den brennenden Kerzen sehen, in Liebe vereint.
Aber wir, die reifen Jahrgänge, denken mit Bangen an ein Weihnachten der Zukunft – ältere Menschen denken immer mit Bangen an die Zukunft –, wir leiden unter dem Kommerzfest der Gegenwart und fühlen uns nur beim Erinnern weihnachtlich.
Der Überfluß scheint sich mit dem Weihnachtsgedanken zu schlagen. Die Kargheit – Stall mit Ochs und Esel, das rührend arme Kind, die Hirten mit ihren ärmlichen Geschenken – die Kargheit ist uns im Wohlstand abhanden gekommen.
Vieles ist verlorengegangen: das freundliche, wärmende Zusammenrücken, die aus der Not geborene Kreativität, ein Stückchen Seele.

Dezember

Für d'Kinder kommt a schöne Zeit,
mit Krampusangst und Niklofreud,
Adventkalender, Kerzenlicht,
Klavier üben, lernen a Gedicht,
und rundum voll Erwartung sein.
Die Kinder können si no gfreun.

Für uns, die was erwachsen san,
fangt jetzt der Streß erst richtig an.
Die langen Samstag, sehr gehetzt,
rennst um Geschenke. Kaufst auf d'Letzt
um teures Geld an mordstrum Bam.
Die Mama bacht no gschwind daham
Vanillekipferln, Bischofsbrot –
des riacht so guat … Mach dir's kommod!
Du fragst dich: Wo is' Jahr denn hin?
Ja, der Kalender wird schon dünn…
Und drum genieß, was uns oft fehlt:
a paar Tag Frieden auf der Welt!

Schnee

Wann der Schnee fallt in Wien,
is a heilige Ruah.
Er deckt unsern Dreck
und die Baustellen zua.

Er halt ja net lang.
Oft a anzige Nacht.
Am nächsten Tag wird
wieder Dreck aus der Pracht.

Ich habe das Christkind gesehen

In den Augen der Kirche ist das größte Fest des Jahres Ostern.
Für mich war es zweifellos Weihnachten. Weihnachten war Nummer Eins. Dagegen verblaßten alle anderen Festtage.
Es hatte schon seinen Grund, warum ich Weihnachten so besonders liebte.
Ich habe nämlich das Christkind gesehen.
Und das kam so.
Es war Adventzeit. Man hatte mich auf das Kommen des Christkindleins vorbereitet, ich hatte Wunschzettel ans Fenster gelegt – gezeichnete, denn schreiben konnte ich damals noch nicht – und freute mich aus ganzem Herzen auf den großen Tag.
Eines Morgens nun – man möge mir verzeihen, aber das Erhabene und das Banale liegen ja oft dicht beieinander – hatte man mich auf den Topf gesetzt und mich im Kabinett deponiert, auf daß ich dort ungestört meinen Obliegenheiten nachkomme.
Die Mutter hantierte nebenan in der Küche.
Ich saß gelangweilt auf dem blechernen Thron und schaute durch das Kabinettfenster, sehr von unten, aus der Froschperspektive, zum Himmel hinauf.
Der Himmel war, ungewöhnlich für diese Jahreszeit, blau, zartblau.
Und während ich in dieser wahrhaft profanen Stellung festgehalten war, zog oben, auf dem pastellfarbenen Himmel, das Christkind vorbei.

Es war fast durchsichtig, in zarte Schleier gehüllt, und schwebte in Sekundenschnelle über den mir sichtbaren Teil des Himmels.
Es war überwältigend.
Nach einigen Augenblicken stummer Ehrfurcht begann ich nach der Mutter zu rufen.
Sie kam herbeigestürzt, weil sie annahm, meine Sitzung sei von Erfolg gekrönt und sie könne mich von meinem Platz entfernen.
Als sie jedoch sah, daß dies nicht so war, begann sie heftig zu schimpfen.
„Mutti! Ich habe das Christkind gesehen!“ sagte ich wie in Trance und unbeeindruckt von ihrem Temperamentsausbruch.
Meine Mutter sah sich vor ein schwieriges Problem gestellt: Sollte das ein Ablenkungsmanöver von meiner Seite sein? Als ich aber allmählich aus meiner Erstarrung erwachte – die Erde hatte mich wieder –, wollte sie mir klarmachen, daß ich mich getäuscht haben müsse.
In diesem Augenblick habe ich vielleicht zum ersten Male gespürt, daß man von anderen, und wären es die liebsten Menschen, kein echtes Verständnis zu erwarten habe und alles am besten mit sich allein abmachen müsse.
Das tat ich auch. Ich sprach mit niemandem mehr über das Ereignis und hatte die erste Enttäuschung meines Lebens zu verarbeiten.
Aber selbst, als ich schon lesen und richtig schreiben konnte, scheiterten alle Versuche, mir das Christkind auszureden, an meinem stummen, verbissenen Widerstand. Eine bedenkliche Erschütterung meines Glaubens brachte erst die Religionsstunde.

Der Herr Katechet bemühte sich, uns Achtjährigen das Wesen der Weihnachtszeit nahezubringen, und erwähnte nebenbei: „Ihr wißt ja alle, daß es das Christkind nicht gibt und daß die Eltern die Geschenke kaufen…“
Der Herr Katechet war eine höhere Instanz, seine Worte konnten nicht so leicht angezweifelt werden.
Ich kam entsetzt nach Hause, pflanzte mich vor meinen Eltern auf und verlangte ihre Bestätigung:
„Was der Herr Katechet gesagt hat, ist das wahr? Es gibt kein Christkind?“
Die Eltern mußten es verlegen zugeben.
Kann man der elterlichen und der kirchlichen Autorität glauben?
Ich hatte es doch mit eigenen Augen gesehen!
Wie ich mit dieser Enttäuschung fertiggeworden bin, weiß ich nicht. Ich habe den Schock, wie so viele spätere, verarbeitet und überlebt. Habe zur Kenntnis genommen, was man mir erklärt hat, habe selber den Christbaum aufgeputzt, vom Christkind nur mit Augenzwinkern gesprochen und war auf dem Wege, erwachsen zu werden. Aber gesehen hab' ich's doch.

Advent

A Fensterl aufmachen jeden Tag
und schaun, was dahinter is,
a Kerzen anzünden jeden Sunntag
und zuaschaun, wia's brennt,
und warten.
Auf was?

Auf's Fensteraufmachen jeden Tag,
auf's Schaun, was dahinter is,
auf's Kerzenanzünden nächsten Sunntag,
auf's Zuaschaun, wia's brennt,
und warten.
Auf was?

Auf des, was d' da lang scho hamlich wünschst,
auf was besunders Schöns,
was unserans bestimmt nia kriagn wird,
aber drauf gfaßt muaßt sein,
und warten.

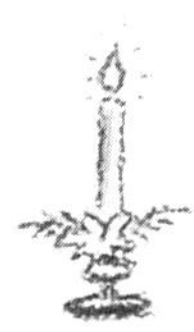

Naschmarkt im Advent

Am Naschmarkt gibts an Standler – Sie wern ihm eh kennen, erschtklassige War führt er, des muaß ma ihm lassen, besonders die Golddelizius, die gelben Äpfel, von die kaner waaß, wia ma s' eigentlich ausspricht, und dann die grünen Paprika, der hat die schönsten, fleischigsten Paprika vom ganzen Naschmarkt, recht appetitlich aufgschicht, direkt zum Einibeißen. Er hat immer nur zwaa, drei Artikel, aber die san erschtklassig. Und preiswert.
Trotzdem kauf i net gern bei ihm ein.
Net, daß er unfreundlich wär, naa, des net. Für mein Geschmack is er sogar a Alzerl zu freundlich. Er übertreibt. Wann ma an Kilo Äpfel verlangt, wern bestimmt zwaa draus, und will ma zehn Paprika, schmeißt er a'm zwanzig ins Taschel, und aan als Draufgabe. „Weil S' so liab san!" Ja, meiner Seel, des sagt er. Mit aan Wurt, er übertreibt. Ma waaß, daß er übertreibt. Aber welche Frau möcht net gern „liab" sein! Und so traut si kane „nein" sagen, lächelt bis zu die Stockzähnt, greift ins Börsel und brennt. I bin da ka Ausnahm.
Und drum mach i liaber an Bogen um sein Stand. Weil i sunst a Wochen lang grüne Paprika essen müaßt...
Neulich bin i wieder amal vorbeigangen.
Saukalt wars, minus zehn Grad, habns im Radio gsagt. Bei die Blumenstandeln san scho die Adventkränz ghängt. Mit die grünen Paprika wars längst vorbei, und so hat halt der Standler statt an grü-

nen Paprikaberg an gelben Orangenberg aufbaut ghabt. Schöne Orangen, saftig, süß und preisgünstig.
Auf amal geht a alter Mann vorbei, klaa und a bisserl eingschrumpelt wiar a Maschanzker, Preisklasse drei, aber der Mantel, der ab'tragene, war orndlich ausbürscht, die Schuach warn putzt, und weils so kalt war, hat er unter sein Huat wollene Ohrnschützer tragen.
A abgschabte Aktentaschen hat er ghabt. Früher is er mit der Taschen wahrscheinlich ins Amt gangen, jahrelang, jetzt nimmt er s' zum Einkaufen. Viel geht ja in so a Taschen net eini. Aber was kann er si denn scho leisten als Rentner, hab i mir denkt.
Und wiar er bei den Orangenberg vorbeigeht, kummt der ganze Bau ins Rutschen, und a paar Orangen falln abi. Na serwas! denk i mir. Der Standler hat si so plagt, daß er des alles aufbaut, der wird ihm ganz a schöne Goschen anhängen!
Der alte Mann is furchtbar erschrocken, hat si glei niederbuckt und die Orangen aufghoben. Direkt andächtig hat er s' aufghoben und mitn Mantelärmel drübergwischt, dann wollt er s' vuasichtig wieder auf den Berg zrucklegen.
Da sagt der Standler: „Willst dir s' net ghalten, Papschi?"
Der klane Rentner is no amal erschrocken.
Dann hat er leise „Dank schön!" gsagt und hat die zwaa, drei Orangen schnell in sei Aktentaschen gsteckt und si danach no gschwind mitn Schneuztüchl sei Nasentröpferl abgwischt.
Weil es hat ja zehn Grad unter Null ghabt, habn s' im Radio gsagt.
I geh jetzt wieder öfter zu dem Standler einkaufen.

Kramperl und Niklo

Mama, soll i aa die Patschen
mit der Pasta putzen?
Wann i heut besonders brav bin,
glaubst, wird's no was nutzen?

Stell i d'Schlittschuach aa daneben,
wird des Fenster z'klaa sein.
Bleib bei mir! Denn kummt der Kramperl,
möcht i net allaa sein.

Sag'n Papa, er soll dableibn.
Allweil muaß er furtgehn,
grad, bevua der Krampus kummt
mit der großen Ruaten!

Gel, der Niklo is a Bischof.
Mama, kannst ma sagen,
warum hat er vurigs Jahr
dann an Eh'ring 'tragen?

Der Niklo vom Kindergarten,
mit der Stimm, der hochen,
der hat weiße Handschuh g'habt
mit an murdstrum Loch drin...

Mama, glaubst, des war a echter?
D'Kinder tan so reden…
Geh net furt! I hör s' schon kommen!
Wart! I tua g'schwind beten!

Zum Vortragen bei einer Krampusfeier
(Für den Junior)

Ich möcht so gern selber der Nikolo sein,
der anderen Freude macht!
Da käm ich ganz heimlich zum Fenster hinein,
wenn alles schon schläft in der Nacht.
Ein Pelzcape leg ich der Mutti ans Bett,
erst wollt ich's vom Taschengeld sparen,
doch weil sie da lange zu warten hätt,
wär das halt ein schnell'res Verfahren.
Vom Himmel hol ich den schönsten Stern
und zaub're ein Auto daraus,
(denn Autofahrn tun wir alle gern)
und stell es dem Papa vors Haus.
In meine Schule werde ich dann
unsichtbar einmarschiern,
seh mir die Schularbeitshefte an
und kann sie gleich korrigiern.
Und allen Freunden – wär das nicht fein? –
lege ich heimlich ein „Sehr gut" ein.
Doch dem Professor, der uns so sekkiert,
(ihr wißt schon, welchen ich mein'),
dem werd ich's zeigen, daß er es spürt!
Da möcht ich der Krampus sein!

Und von den Gästen, die gut sich betragen,
darf mir jeder drei Wünsche sagen.
Nur, fürchte ich, bringt das nicht viel Gewinn,
weil ich der Nikolo leider nicht bin...

Das Nikolofest

Das dem Weihnachtsfest vorangehende Nikolofest blieb absolut im Schatten des Bevorstehenden.
Am Abend mußte ich unter der Assistenz meiner Mutter meine Schuhe putzen und ins Fenster stellen.
In der Früh waren sie dann mit Orangen, Mandarinen und Süßigkeiten gefüllt. Damit hatte sich's.
Obst und Süßigkeiten bekam ich ja sonst auch. Und Krampus und Nikolo, die damals noch auf der Straße und in den Häusern umhergingen, ließ meine Mutter nicht herein, um mich nicht zu erschrekken, vielleicht auch, weil man nicht wußte, wer einem da unter der Maske von Krampus und Nikolo ins Haus kam.
Einmal allerdings gelang es einem Nikolaus, bei uns einzudringen. Ob ein Krampus dabei war, registrierte ich nicht. Ich hatte nur Augen für den heiligen Nikolaus, der sehr salbungsvoll und freundlich tat.
Eines störte mich allerdings sehr: der gute Heilige hatte gewaltige Löcher in den weißen Handschuhen, was seinem Ansehen in meinen Augen ein bißchen schadete.
Als ich später im Hause der Familie Baar ein und aus ging, war der Krampus beinahe ein Jux. Da wir ja zu dritt waren, Hermi, Bertl und ich, kamen wir uns dem Krampus gegenüber recht stark vor.
Er tauchte wirklich auf, hatte einen fürchterlichen Buckel, einen schwarzen Clothmantel, der dem Arbeitsmantel der Frau Lehrerin

bedenklich ähnlich sah, fuhr mit der Rute gar schrecklich in der Wohnung umher und rülpste unter seiner Maske so richtig teuflisch. Der Nikolo war wunderschön, sprach mit salbungsvoller Oberlehrerstimme und war an der unbehandschuhten Rechten und dem Ehering unschwer zu erkennen.
„Jö, der Papa und der Hansl!“ schrien die Baar-Kinder respektlos, so daß auch ich meine Scheu vor den Masken, die ich übrigens noch heute habe, überwand und in dem wilden Herumtollen, das nun folgte, nach Kräften mittat.

Krampus und Momo

Seinerzeit
habn's uns mi'n Krampus gschreckt oft
und aa manchmal mi'n Momo.
Seinerzeit
habn wir no glauben können
an den guaten Nikolo.
Seinerzeit
hast gwußt, wiasd' dran bist,
und die Angst
war direkt gspickt mit Lust.
Unterm Krampus seiner schiachen Larven
steckt der Papa – des hast gwußt.

Heutzutag fürcht ma den Krampus nimmer
aber immer wieder an Momo,
irgendan, denn er hat viele Namen.
Und die Angst, die nimmt uns kaner å.

Adventwunder

Was mir heut passiert is – i kann's gar net fassen!
A Autofahrer hat mi umigehn lassen!
Aufs Hupen und Schrein hat der Mensch ganz vergessen,
is freundlich und still hintern Lenkradel gsessen.
I deut' auf mein Kopf, denn i hab mi nur gwundert,
daß' so was no gibt in unsern Jahrhundert!

Und no was is gschehn heut. I kann's gar net glauben:
Der Pomeisl – mir san ja bös wegn die Tauben,
er wohnt ober mir, und des boshafte Luader
streut Sommer und Winter am Fensterbrett Fuader –
der grüaßt heut scheißfreundlich: „Gelns, grauslich, die Patzen!
I füader jetzt nur mehr im Stadtpark die Spatzen."

Beim Bäcken hat mi ane vualassen wollen,
mei Freundin is kummen, die Schulden mir zahlen,
die Straßenbahn bleibt wegn mir sogar stehn,
a fremde Frau grüaßt mi – i hab s' no nie gsehn –
wo san ma? Was is denn?
Es weihnachtelt sehr!
Aber nur a paar Tag. Und des is des Malheur.

Advent der Nachbarn (1989)

Advent. Wer in der Schule Latein gelernt hat, erinnert sich: adventus, Genetiv adventus, U-Stamm, Masculinum, heißt „Ankunft“. An die Ankunft, manchmal war es sogar ein Ansturm, unserer ungarischen Nachbarn haben wir uns schon gewöhnt. Seit die ungarischen Haushalte mit Videogeräten und Waschmaschinen ausreichend versorgt sind, hat der Strom der Ungarn nachgelassen.
Jetzt sind die Tschechen dran. Sie kommen, seit man sie läßt, in hellen Scharen. Zum Unterschied von den Magyaren leider mit beinahe leeren Händen. Und sie gehen auch mit leeren Händen, nachdem sie unseren Wohlstand gebührend bestaunt haben. Ihre Kaufkraft ist gering, und das Wenige, was sie mit ihren paar Schilling erstehen können, will wohl überlegt sein.
In einem Selbstbedienungsladen, der noch fast leer ist und ein ruhiges Aussuchen erlaubt, kreisen ein jüngeres Paar und eine alte Frau um die Regale mit den Süßigkeiten. Sie sind alle drei gutbürgerlich gekleidet, die alte Dame hat schön frisiertes weißes Haar, ist schon ein wenig gebrechlich und stützt sich auf einen Stock. Anscheinend wollen sie etwas Süßes einkaufen, vielleicht schon für Weihnachten, für die Kinder. Sie nehmen in die Hand, was in den Stellagen liegt, betrachten es von allen Seiten, buchstabieren dran herum – „bubble gum“, „nimm zwei“, „mon chéri“, „marshmallows“, „after eight“ –, beraten, was das wohl alles sein könne, und legen die rätselvollen Waren wieder unentschlossen zurück.

Auf einmal ein beglückter Aufschrei aus dem Mund der alten Dame: „Mignonschnitten!" „Migg-non" sagt sie ohne eine Spur von Französisch. In diesem Jubelruf liegt so viel Freude am Wiedererkennen, so viel Erinnerung an eine Zeit, als Böhmen vielleicht nicht mehr bei Österreich, aber doch noch recht nahe war.
Jetzt hätte ich natürlich, gerührt wie ich war, einen ganzen Karton Mignonschnitten erstehen und den dreien zum Geschenk machen können. Ich hätte mit ihnen reden oder es wenigstens versuchen sollen, sie fragen, womit ich ihnen eine kleine Freude machen könne. Sie hätten sich mit Tränen in den Augen bedankt.
Ach, was für eine schöne, rührende Adventgeschichte hätte das ergeben!
Ich habe nichts dergleichen getan. Aus Scheu, mich anzubiedern, aus Angst, sie zu verletzen, oder auch nur aus Trägheit? Ich weiß es nicht.
Aber dieser Jubelschrei „Mignonschnitten!" ist noch lange in mir nachgeklungen, ein kleines, banales Zeichen für viel Gemeinsames.

Barbarazweigeln

Alle paar Jahr hab i's wieder probiert –
Barbarazweigeln – nix hat si grührt.
Was hab i alles, daß s' aufgehn, tentiert!
Alles umsunst. Kane hat blüaht.

Heuer hab i kane Gschichten mehr gmacht.
Auffi am Ofen, wiast es hast bracht,
und hab des Graffelwerk nimmer beacht.
Aufgangen sans! Heut in der Nacht!

Was denn? Auf d'Letzt no a neucher Beginn?
Blüaten und Blatteln in Weiß und in Grün –
jetzn teits blüahn, wo die Wünsche dahin?

Ein geheimer Wunsch

Den Christbaum putzte mein Vater auf. Das ließ er sich nicht nehmen. Erst später, als mein Christkindglaube dahin war, gestattete er mir gnädig, ihm zu helfen.
Aufgeputzt wurde immer schon am Vorabend, denn wir zelebrierten diese Arbeit und wollten uns dabei nicht hetzen lassen.
Das habe ich eigentlich bis heute beibehalten.
Es wäre wunderschön gewesen, unter dem Christbaum eine Krippe zu haben mit einem wächsernen Jesuskind darin, rosig und lieblich – es gab sie in verschiedenen Größen zu kaufen.
Warum ich mich dieses Wunsches schämte und ihn nie äußerte, weiß ich nicht.
Erst Jahrzehnte später erfüllte ich ihn mir selbst.
Ich sah nämlich auf dem Christkindlmarkt eine Glaskugel, in der eine solche winzige Krippe eingebaut war.
Die hab' ich mir gekauft.

Christkindlmarkt

Bratwürschtl und Gurkenhackel,
Zuckerwoll im Plastiksackel,
Pommes frites, gstrickte Jacken,
für die Tür a neuche Dacken,
Popcorn, Langos, Debrecziner,
zum Serviern a Stummer Diener,
Zuckeräpfel, Zuckertrauben,
Haubn aus Pelz und gstrickte Hauben,
Nylonschal und Hosentrager,
Schallplatten mit neuche Schlager,
Fleischlaberln und haaße Würschteln,
für die Zähnt die Borstenbürschteln,
a Faschiermaschin fürn Haushalt,
was die stärksten Flaxen aushalt,
Luftballon und Gigerlfutter,
an Behälter für die Butter,
Semmeln, gfüllt mit Matjeshering,
aus Doublee ganz prima Eh'ring,
und aus Gablonz Glitzerbroscherln,
Lippenstift für d'süaßen Goscherln,
Kunstschnee für die g'machte Tanne,
für das Fleisch die Wunderpfanne,
graue lange Unterhosen,

täuschend echte Plastikrosen;
Coca Cola hört ma zischen.
Und der Weihnachtsmann dazwischen
hofft, daß' heute endlich Nacht wird,
weil von niemand er beacht' wird.

Und die vielen klanen Gschrapperln
dürfen so daneben trapperln,
und sie fragn no immer froh:
„Papa, wo is' Christkind? Wo?"

Am Goldenen Samstag

Es war am Samstag vua Weihnachten. Was früher amal der Goldene Sonntag war bei uns, des is jetzt der Goldene Samstag, da habn die Gschäft offen bis auf d'Nacht.
Auf der Mariahilferstraßen gehts zua, wia wann ma was gschenkt kriagert. Dabei derfen eh kane Auto fahrn, nur die Straßenbahn. Und „die Bevölkerung wird aufgefordert, die öffentlichen Verkehrsmittel zu benützen". Aber was tan die Leut? Sie fahrn mitn Auto bis in die Gassen, wo i wohn, und lassen ihnern Kübel durt stehn, und drum gehts in meiner Gassen am Goldenen Samstag zua wiar im Ewigen Leben.
Na, i hab eh nimmer viel zum kaufen ghabt, nur mehr a paar Klanigkeiten, und so bin i dem sechsten und dem siebenten Bezirk ausgwichen, so guat's halt geht. Rein per Zufall bin i in die Schönbrunnerstraßen kummen – is eh net weit von mir, grad übern Naschmarkt drüber – alsdern, die Schönbrunnerstraßen war wia ausgsturbn. Die Gschäfte habn natürlich offen ghabt, weil es war ja der Lange Samstag. Nur goldern war der net, weil alle Leut auf die Mariahilferstraßen rennen. A Weihnachtspapier hätt i braucht, zum Einwickeln für die Geschenke.
Und wiar i so geh, und geh, und im Gehn überleg, wiaviel Bogen i brauchen tät, kumm i bei an klan Papiergschäft vorbei.
Na, i geh eini, warum net, steht a klans Maderl drin, grüaßt freundlich – wia alt wirds denn gwesen sein, vielleicht a acht, neun Jahr,

Augengläser hats ghabt, und a Gsichterl, des scho alsa Junger alt war – und sie fragt mi, was i will. I sag „A Weihnachtspapier“, und sie bringt mir a ganzes Packel, glei hat sie's gfunden, die wird amal tüchtig wern im Gschäft.
I stier um in den Packel und gustier. Und auf amal kummt a Mann, wahrscheinlich der Vater, grüaßt aa freundlich und schaut mir zua, wiar i gustier. Die Klane is auf amal furt, nach nebenan, der Vater hat sie so gwiss angschaut, und auf des hin is' verschwunden.
I hör, wia s' im Nebenzimmer umanandatuat. Und auf amal, auf amal singt a Kinderchor, mit Orgelbegleitung, „O du fröhliche“ und dann no „O Tannenbaum“ – von an Tonband.
Ma muaß si des nur vurstelln: in die großen Kaufhäuser, da habns a Christkind und an Weihnachtsmann und a Stereoanlage, alles für die Weihnachtsstimmung, und damit die Leut ihner Gerschtl loswerdn. Des is leicht.
Die zwaa da habn halt aa die Weihnachtsstimmung in Gang bringen wolln. Der ane bedient, der andre schalt des Tonband ein. Des is schwer.
Na, was soll i Ihna sagn: i hab a Wickelpapier gkauft, und Goldbandeln, und Maschinschreibpapier, und Farbbandeln, und Klopapier – der Papierhändler hat mir alles ganz wunderbar einpackt, a bissel umständlich, aber mit viel Liebe, am liabsten hätt er mi selber in Seidenpapier einpackt und hamtragen, so glücklich war er.
Die Tür hat er mit aner tiafen Verbeugung aufgmacht. Die Klane war aa auf amal da und hat gsagt: „Beehren Sie uns bald wieder!“
Und hinter mir hat des Tonband no immer gspielt: „O du fröhliche...“

Gedanken vor Weihnachten

I möcht mi am liabsten verkräuln.
Da sollst di auf Weihnachten freun!
Des Jahr kumm i gar net auf gleich.
Am Christtag, da bin i a Leich.

Und jedes Jahr nimm i ma vua –
(nur schad, daß i's dann niemals tua)
damit i ma's einteilen kann,
i fang im September scho an.

Na schließlich, es san no acht Tag.
Es nutzt nix, wann i mi beklag,
was sein muaß, muaß sein, des is klar,
was net sein muaß, mach ma aufs Jahr.

Es fragt sich: Muaß Weihnachten sein?
Wißts was? Gründ ma gschwind an Verein
und schaffen de Feiertag o!
Was sagts dazua? Jeder wär froh!

Nur d'Kinder, des fallt ma grad ein,
wia die sich auf Weihnachten freun,
die täten's dem Christkindl schreibn –
für d'Kinder müaßt Weihnachten bleibn.

Und d'Großen, bei d'Kerzen, vurn Baam,
des Schneuzen, gerührt, in der G'ham –
denn is aner hart sunst und zach,
vurn Christbaam, da wird er patzwach.

Wann i mir des recht überleg:
's wär schad, tät ma Weihnachten weg.
A bißl a Gfühl und a Freud
is eh scho so rar bei de Leut.

Drum, Weiberleut, reißts euch halt z'samm,
daß fertig werds mit'n Programm,
mi'n Baamputzen, Kochen, mi'n Gschirr!

Vielleicht steht si d'Arbeit dafüa...

Weihnachten 1900

Ich hörte meine Mutter gern von der Zeit erzählen, als ich noch klein war.
Aber noch lieber war es mir, wenn sie von ihrer eigenen Kindheit erzählte.
Sie stammte aus einer kinderreichen Familie – elf Stück im ganzen –, und insgeheim beneidete ich, das Einzelkind, sie um diesen fröhlichen Wirbel.
In Wahrheit waren die Verhältnisse sicher nicht so heiter. Soziale Fürsorge gab es damals so gut wie keine. Die Notleidenden (und zu denen müssen sie wohl gehört haben) waren auf private Mildtätigkeit oder auf gelegentliche Gaben der Kirche angewiesen.
Wie es zu Weihnachten zugegangen sei, wollte ich wissen.
Weihnachten muß ein recht bescheidenes Fest gewesen sein, aber meine Mutter erzählte, daß es trotz aller Armut immer ein Bäumchen gab mit Kerzen darauf und Würfelzucker in Seidenpapier gewickelt als Behang. Gab es dann für die kleine Mitzi als Geschenk noch ein neues Schürzerl, war die Freude groß.
Und wenn von irgendwoher ein paar Kreuzer geflogen kamen und sie sich etwas Gutes tun wollte, lief sie zum Greißler und kaufte sich Powidl, schwarzen, süßen Powidl, den sie dann begeistert aus dem Papier schleckte, in das ihn der Greißler hineingepatzt hatte. Ihres Bruders Sinn stand hingegen mehr nach Bockshörndeln. Genüsse, über die die Kinder von heute nur die Nase rümpfen würden.

Weihnachten 1945

Anfang Dezember litt es uns nicht länger in Salzburg, so sehr wir es lieben gelernt hatten.

Wir fuhren nach Wien, auf ein paar Tage nur, um Eltern und Freunde zu treffen, um heimzukommen, wenn auch nur für kurze Zeit.

In unserem Gepäck schleppten wir einen Christbaum und einen Blechkanister mit echter, vollfetter salzburgischer Kuhmilch, ein unhandliches Ding auf der Reise, aber ein wertvolles Gastgeschenk. Es war uns klar, daß der Besuch für die Unseren zwar große Freude, aber auch schwere Probleme mit sich brachte. Wie sollten sie uns verköstigen, wo sie doch selbst nicht einmal das Nötigste hatten?

Ein altes Wiener Couplet singt „O teures Erbsien!" – damit war seinerzeit das Strafgefangenenhaus gemeint, wegen der vielen Hülsenfrüchte, die es dort für die Sträflinge zu essen gab. „O teures Erbsien!" hätte man anno 45 auch in Wien jeden Tag singen können.

Unsere Mütter taten ihr Bestes, um die Erbsen abwechslungsreich und schmackhaft zuzubereiten. Mir haben sie eigentlich immer geschmeckt, und ich mag sie auch jetzt noch gern, zum Unterschied von vielen Wienern, die sie damals hassen gelernt hatten.

Der Schleichhandel blühte wie nie zuvor.

Auf dem Papier standen der Bevölkerung 1000 bis 1500 Kalorien zu, je nach Alter und Arbeit. Die Zusammenstellung dieser Kalorienmenge war eher grauslich. Allerdings: das Trockeneipulver schmeckte nicht so übel. Wenn man es mit Wasser anrührte und ein bißchen künstlichen Süßstoff dazutat, gab das eine feine Creme. Die Kalorien reichten gerade zum Vegetieren. Leben konnte man das nicht nennen. Und sterben durfte man in jener Zeit erst recht nicht. Wer starb, konnte nicht einmal mit einem Sarg rechnen. Man wurde zu einem Paket verpackt, mit Spagat zugebunden, ein Lieferwagen holte das Paket ab und brachte es zum Friedhof.

In unserem Haus, so erzählte mir meine Mutter, erkrankte in den ersten Nachkriegstagen, gerade als die Not am größten war, der kleine Fredi an Diphtherie, zugleich mit seiner Mutter. Der kleine Fredi war ein besonders lieber Bub und hatte uns manch bange Luftschutzstunde mit seiner kindlichen Unbefangenheit erträglicher gemacht.

Die Diphtherie hat er leider nicht überstanden. Seine Mutter lag selbst todkrank darnieder, und so wanderte sein Vater allein zum Friedhof. Nur meine Mutter ist noch mitgegangen.

Die wenigen Tage, die wir in Wien verbrachten, waren ausgefüllt mit Besuchen, mit Nachschauhalten.

Die Stadt sah grausig aus, voller Ruinen, Schutt und Trümmer.

Amerikaner, Engländer, Franzosen und Russen hatten von Wien Besitz ergriffen, der Erste Bezirk gehörte allen vieren, die anderen Bezirke hatten sie unter sich aufgeteilt. Wer Glück hatte, wohnte in der amerikanischen Zone. Die Amerikaner „schauten“ auf ihre Leute, dort bekam man recht bald weißes Mehl. Und weißes Mehl war damals der Inbegriff des Glücks.

Meine Eltern wohnten „unter“ den Franzosen, die Eltern von Walter, im zweiten Bezirk, waren russisch besetzt. Es fiel einem die Wahl schwer, wem man den Vorzug geben sollte.
Im Dezember 1945 wurde der Schilling wiedergeboren, die Reichsmark war zu Ende. Der Umtausch brachte für die Vermögenden viele Schwierigkeiten und viel Kopfzerbrechen. Manche kauften vorher noch schnell wertloses Zeug, nur um Geld anzubringen. Ich glaube, 150 Schilling konnte man offiziell eintauschen. Der Rest kam auf ein Sperrkonto. Ich erinnere mich nicht besonders gut daran, was bei meiner damaligen Finanzlage nicht weiter verwunderlich ist.
Das Burgtheater, die Oper waren ausgebrannt, die Stephanskirche nicht wiederzuerkennen.
Schlimmer konnte es nicht werden, nur besser.
Die Universität suchte ich auf, sobald ich nur konnte. Schließlich lag ja meine halbfertige Dissertation noch immer in dem großen Reisekorb in der Wachau und drängte auf Fertigstellung. Das Gebäude stand noch, leidlich unbeschädigt, aber die meisten Lehrstühle waren unbesetzt, waren Leerstühle, die Professoren und Studienkollegen in alle Winde zerstreut.
Ich ging davon, ein bißchen wehmütig, aber mit dem beruhigenden Bewußtsein, vorderhand nichts zu versäumen, wenn ich wieder nach Salzburg führe. Die Wissenschaft konnte warten.
Sie wartet heute noch.
Im Theater an der Wien gab es bereits Opernvorstellungen, im Ronacher hatte sich das Burgtheater einquartiert, die Vorstellungen

waren gut besucht, obwohl die Leute damals wirklich andere Sorgen hatten.
Wenn es schon an Brot mangelte, wollte man wenigstens Spiele haben.
Die Straßenbahn funktionierte wieder und auch die Straßenbeleuchtung, wenigstens teilweise. Die scheußlichen schwarzen Rollos an den Fenstern konnten endlich abmontiert werden. Keine Verdunkelung mehr!
Obwohl die Straßenbeleuchtung schon wieder die Hauptstraßen spärlich erhellte, war es doch nicht ratsam, bei Nacht unterwegs zu sein. Im nächtlichen Wien wurden Leute bis auf die Haut ausgezogen. Man tat daher gut daran, dort, wo man abends eingeladen war, auch zu übernachten und zu frühstücken.
Als ich bei meinen künftigen Schwiegereltern im zweiten Bezirk auf dem Diwan die erste Straßenbahn erwartete, war an ein Schlafen nicht zu denken. Die verzweifelten Hilferufe derer, die noch unterwegs waren, hinderten einen daran.
Es gab schon Strom für den Haushalt, stundenweise. Manchmal brach allerdings der „Bundeslastverteiler" zusammen, dann saß man im Dunkeln. Auch auf das Gas konnte man sich nicht verlassen. Meine Mutter hatte sich deshalb einen „Hausfreund" angeschafft. „Hausfreund" nannte man damals ein kleines Öfchen, das aussah wie ein winziger Maronibrater, man konnte es mit Holzspänen heizen, und darauf kochte meine Mutter mit viel Geduld und Phantasie die leckersten Erbsengerichte. Die Petroleumlampe kam wieder zu Ehren, falls man sich Petroleum verschaffen konnte und Zündhölzer oder Feuersteine.

Unsere Wohnung war so leidlich intakt. Die kaputten Fensterscheiben konnte man wieder einschneiden lassen, wenn man Beziehungen hatte, denn die Pappendeckel, mit denen man sich beholfen hatte, waren wirklich nur eine Notlösung. Um zu sparen wurde das Fensterglas allerdings oft gestückelt. In meiner Wohnung gibt es heute noch zwei oder drei solcher gestückelter Scheiben. Ich sehe keine Veranlassung, sie durch neue, ganze zu ersetzen. Das Sparen liegt meiner Generation eben im Blut, und eine Erinnerung an schlechtere Zeiten vor Augen zu haben, schadet schließlich auch nichts.

Sparen mußten wir mit allem, seit ich mich erinnern kann, aus den verschiedensten Gründen.

Und jetzt, wo wir's nicht mehr unbedingt müßten, können wir's uns nicht mehr abgewöhnen.

Die Jungen verstehen das nicht. Wie sollten sie auch.

Unser Kurzbesuch in Wien ging bald zu Ende. Wir nahmen Abschied und fuhren wieder gegen Westen, diesmal nicht mit dem Fahrrad, sondern mit der Eisenbahn.

Das Eisenbahnfahren war damals nicht so selbstverständlich wie heute. Es genügte nicht, auf den Bahnhof zu gehen, eine Karte zu lösen, einzusteigen und loszufahren. Die wenigen Züge, die verkehrten, waren überfüllt, man mußte Platzkarten haben, die man wieder nur mit Dringlichkeitsbescheinigungen bekam. Hatte man die nicht, konnte man nur versuchen, einen der wenigen restlichen Plätze, Stehplätze natürlich, kurz vor Abfahrt des Zuges zu ergat-

tern. Manchmal mußte man mehrere Züge abwarten, bis es einem gelang.
Die Züge waren ungeheizt, außerdem zog es entsetzlich, denn es gab keine Fensterscheiben, die Fenster waren mit Brettern notdürftig vernagelt, daher war es auch noch dunkel.
Aber das wäre das geringste Übel gewesen.
War das erste Hindernis, einen Platz im Zug zu bekommen, genommen, bangte man bereits vor dem zweiten, der Demarkationslinie.
Manche Reisende wurden ohne ersichtlichen Grund aus dem Zug geholt, stundenlangen Verhören unterzogen, und von einer Weiterreise war vorderhand keine Rede.
Vor der Grenzkontrolle wurden alle nervös.
Zwar hatte ich das Photo auf meiner und meiner Mutter gemeinsamer Identitätskarte feinsäuberlich ausgetauscht und das Geburtsjahr gefälscht, aber leider war das Papier damals so schlecht, daß es das Radieren nicht vertrug, an der kritischen Stelle sichtbare Abnützungserscheinungen zeigte, und die Tinte darauf zerfloß.
Die Enns kam in Sicht, der Zug hielt, die Kontrolle begann. Ein junger Russe mit mongolischem Aussehen nahm meinen Ausweis, studierte ihn eingehend, sah mich an, sah das Dokument an,und zu allem Überfluß hielt er den Ausweis noch genußvoll gegen das Licht, daß man die ausgeschabte Stelle ganz genau sehen konnte.
Mir stand das Herz still.
Jetzt war's geschehen. Nun hatte ich keine Chance mehr. Ich sah mich schon aus dem Zug geholt, verhaftet, auf dem Weg nach Sibirien.

Er aber gab mir mit asiatischer Ruhe und tiefem, wissendem Blick den Ausweis zurück, mir kommt vor, er hat dabei auch eine Zehntelsekunde gelächelt.

Ein ganz kleiner Weihnachtswunsch

Ein bißchen Zeit,
ein bißchen Ruh,
ein warmes Zimmer,
dich dazu,
und nur ein paar Moneten.
Darum will ich heut beten.

Das Care-Paket

Jedes Jahr zu Weihnachten, wenn ich den Christbaumschmuck aus der Rumpelkammer hole, muß ich an die Jahre nach dem Krieg denken, an die Sorgen, die wir täglich hatten, und an die große Freude, die uns einmal im Monat beschert wurde.
Der Christbaumschmuck ruht nämlich in einem großen Karton aus besonders fester Pappe, der ist seewasserdicht und enthält vier kleine Kartons, ebenfalls aus unverwüstlichem Material. Die Kartons sind merkwürdig beschriftet; es ist die Rede von „Menus“ und „Rations“ aus amerikanischer Heeresverpflegung. Diese Christbaumschmuck-Schachtel ist alles, was von einem Care-Paket übriggeblieben ist.
Als ich mein Berufsleben begann, im Juni 1946, bei der Fluggesellschaft Pan American, hat man mir als Anfangsgehalt dreihundert Schilling geboten. Das war nicht viel und nicht wenig, guter Durchschnitt sozusagen. Das Geld hat nicht den Ausschlag gegeben, daß ich diesen Job sofort und mit Begeisterung annahm. Man bot mir nämlich noch außerdem jeden Monat ein Care-Paket. Und das war nach damaligen Begriffen sicher dreimal soviel wert wie das Gehalt.
Die Care-Organisation, 1945 in den Vereinigten Staaten gegründet, befaßte sich im Auftrag Privater mit der Versendung von Lebensmittel- und anderen Paketen in die unter den Kriegsfolgen leidenden Länder. Der Spender konnte in Amerika zehn Dollar einzahlen, und der Empfänger bekam das gewünschte Paket in dem hungrigen

Land ausgefolgt. Mein Arbeitgeber, die Pan American, zahlte per Dauerauftrag einen für normale Verhältnisse lächerlichen Betrag ein und sorgte so dafür, daß ihre europäischen Angestellten in guter Verfassung und halbwegs satt ihre Arbeit taten.
Das Paket – es war sehr schwer – wurde uns durch den Firmenwagen ins Haus geliefert. Das war jedes Mal ein Freudentag für die ganze Familie.
Geöffnet wurde es erst, wenn alle anwesend waren. Wir standen erwartungsvoll im Kreis um das Paket herum. Dann begann die feierliche Band-Durchschneidung. Das war Männerarbeit, denn es war ein Stahlband, und mein Vater und mein Mann „murksten" oft mit der Beißzange lange herum, bis sie es geknackt hatten. Das erhöhte die Spannung beträchtlich. Dann mußte der Karton an der Oberseite aufgeritzt werden, denn zugeklebt war er auch noch. Endlich war er offen, und die kleineren Kartons lagen frei. Jetzt begann die Feinarbeit, die war meiner Mutter und mir vorbehalten: das Öffnen der vier kleinen Kartons. Wir taten es langsam und mit großem Genuß. Jede Dose, jede Konservenbüchse wurde einzeln herausgenommen, die Inschrift buchstabiert, so gut es ging, übersetzt und der vermeintliche Inhalt bejubelt: Baked Beans, Tea, Instant Coffee, Corned Beef, Wheat Flower, Granulated Sugar, Peanut Butter – Herrlichkeiten, die das Hausfrauenherz höher schlagen ließen.
Für uns Raucher aber stieg die Spannung ins Unerträgliche, wenn wir an die Zigaretten kamen. Jedes Paket enthielt nämlich auch Camels oder Lucky Strikes, aber in unterschiedlicher Anzahl: Es

gab Pakete mit hundert und Pakete mit zweihundert Zigaretten. Und ein Unterschied von hundert Zigaretten in einer Zeit, in der man ein Vermögen für Zigaretten auf dem Schwarzen Markt ausgab, so ein Unterschied konnte einem schon Herzklopfen bereiten – jeder Raucher wird das verstehen.

Diese namenlose Freude wurde uns durch Jahre hindurch Monat für Monat bereitet, und Weihnachten fand für uns zwölfmal im Jahr statt. Die kärglichen Lebensmittelzuteilungen wurden dadurch wesentlich aufgebessert, das hat meine Mutter nie vergessen. Und noch Jahre später, wenn ich manchmal Kritik an meinen amerikanischen Arbeitgebern üben wollte, hat sie mich immer ermahnt: „Sag nichts gegen die Amerikaner! Denk an die Care-Pakete!“

Als sich die Lebensmittelversorgung auch bei uns langsam besserte, verlor das Care-Paket allmählich seinen Reiz. Da es aber nicht nur Lebensmittelpakete gab, sondern auch solche mit anderem Inhalt, habe ich mir noch einmal eines mit Bettwäsche und einmal eines mit Armeedecken bestellt.

Die Bettwäsche habe ich noch heute, und aus der Decke, braun war sie, ließ ich mir einen Mantel schneidern, beinahe knöchellang, nach der neuen Diorschen Linie, die damals gerade modern war.

Dann fand die Firma mit Recht die Spenden für überflüssig, gab uns zum Gehalt ein bißchen was drauf, und einmal im Jahr, zu Weihnachten, einen Truthahn, der so groß war, daß er in unserem Backrohr keinen Platz fand. Die Mutter hat ihn halbieren müssen vor dem Braten. Und wir haben tagelang daran gegessen.

Christmas Party 1946

Im Dezember 1945 hielt unser Bundeskanzler Figl die herzbewegende Ansprache an seine Österreicher: „Ich kann euch nichts geben …“
Aber ein Jahr darauf ging es uns auch noch nicht viel besser. Mir allerdings schon. Ein wenig. Ich war damals schon bei den Amerikanern angestellt.
Für sie, die aus dem Überfluß kamen, war unsere armselige Art zu vegetieren bedrückend. Und so beschlossen sie, uns zu Weihnachten eine Party zu geben, ein fröhliches Fest, wie es halt in Amerika üblich ist.
Zu diesem Zweck wurde die Bar im Hotel Ambassador gemietet. Sie besorgten reichlich zu essen und zu trinken und für jeden von uns Angestellten ein Geschenk, einfache, praktische Dinge, Handschuhe, Socken, Strümpfe.
Damals war Schenken leicht. Alles wurde gebraucht, und man freute sich über jede Kleinigkeit.
An die Party selbst kann ich mich kaum erinnern.
Neben mir saß unsere Putzfrau, eine einfache ältere Frau, Frau Beier hieß sie. Die war sehr lustig, aß und trank nach Herzenslust, brach auch gelegentlich vor lauter Wohlbefinden in Gesang aus und zwischendurch ließ sie das eine oder andere Sandwich in ihrer Einkaufstasche verschwinden. Auch ein bißchen Wein zweigte sie ab. Zu diesem Zweck hatte sie vorsorglich eine Flasche samt Trichter

mitgebracht und unter dem Tisch zu ihren Füßen deponiert. Schließlich wollte sie ihrer Familie etwas mitbringen von den Köstlichkeiten, die uns zuteil wurden.
Der ungewohnte Alkohol hatte auch auf die anderen die seltsamsten Auswirkungen.
Ich überstand den Abend ohne besondere Folgen. Eine Kollegin jedoch, gut erzogen und sogar mit einem adeligen „von“ vor ihrem Namen, fand sich am nächsten Morgen in einer fremden Wohnung, mit einem Käsesandwich in der Manteltasche, aber sonst unversehrt wieder. Es konnte nicht eruiert werden, wie sie und es, das Sandwich, dorthin gekommen waren.
Sogar unser Buchhalter, strotzend vor Seriosität, hatte sein Blackout, eine merkwürdige Gedächtnislücke.
Er war den ganzen Abend hinter der Bar gestanden, um den Ausschank der Getränke zu überwachen, sah korrekt aus wie immer, ein Fels in der Brandung. Plötzlich aber kippte er lautlos hinter einen schweren Samtvorhang im Hintergrund der Bar und ward nicht mehr gesehen.
Am nächsten Tag war ihm der Vorfall höchst peinlich. Noch dazu konnte er sich absolut nicht erinnern, ob er die Miete für den Raum bezahlt hatte, was sich für einen Buchhalter auch im Jahre 46 nicht gehörte.

Not macht erfinderisch

Die vorweihnachtliche Kauflust ist heuer besonders groß, sagt man. Sogar die Geschäftsleute sind zufrieden, und das will etwas heißen.

Nur die Stadtväter zeigen sich besorgt. Konsumrausch, gut und schön, aber wohin mit den Tonnen von Verpackung nach dem Fest? Wie bringt man die Bevölkerung dazu, den Müll zu trennen, damit wenigstens ein Bruchteil davon wiederverwertet werden kann?

Solche Probleme hatte man in Kriegs- und Nachkriegszeiten nicht. Damals war jeder ein Meister im Wiederverwerten, Umändern, Wiederverwenden.

Not macht erfinderisch.

Herr Spengler, im Jahre 1945 aus dem Krieg heimgekehrt, stand wie so viele vor dem Nichts. Er hatte zwar ein ehrsames Handwerk gelernt, aber bevor er es ausüben konnte, mußte er zur Verteidigung des Vaterlandes eilen und fünf Jahre seines Lebens diesem Dienste opfern. Dann kam er heim und wollte endlich etwas Sinnvolles anfangen. Er wußte nur nicht, was und womit.

Da bemerkte er, daß die amerikanischen Besatzungssoldaten, die nach österreichischen Begriffen im Überfluß lebten und damit verschwenderisch umgingen – man denke nur an die Zigaretten, die sie nach ein paar Zügen auf die Straße warfen, wahre „Kavalierstschicks“, wie die Wiener sie nannten –, daß die Amis, die das

Sparen nicht kannten, wunderbare Keksdosen aus Weißblech, sobald sie leergegessen waren, auf den Mist warfen.
Eine solche Verschwendung tat weh. Herr Spengler bat die Amerikaner, sich die Dosen nehmen zu dürfen, was ihm verwundert gestattet wurde. Der ideenreiche junge Mann zerschnitt das Blech – das Arbeiten mit Blech gehörte zu seiner Handwerksausbildung – und machte daraus Formen zum Ausstechen von Keksen, traditionelle Formen, wie sie seine Mutter und Großmutter verwendet hatten: Herzen, Kleeblätter, Rhomben, Kreisringe.
Sie gerieten ihm hervorragend. Nun mußte er sie aber auch an den Mann, besser gesagt an die Hausfrau bringen. Kurz vor Weihnachten, in der Stadt lag noch alles in Trümmern, auch der Stephansdom sah jämmerlich aus, stellte Herr Spengler auf dem Platz vor der Kirche einen kleinen Stand auf und legte ein Häufchen seiner Keksformen darauf.
Seine junge Frau hatte die Aufgabe zugeteilt bekommen, den Lockvogel zu spielen, wie von ungefähr vorbeizukommen und möglichst laut auszurufen: „Jö! Das gibt es schon wieder?" Darauf würden, so hofften die beiden, die Käufer herbeiströmen.
Seine Frau schämte sich, drückte sich um den Stand herum und konnte sich zu dem vereinbarten Ausruf nicht entschließen.
Da hatte schon eine Passantin die Keksformen entdeckt, und sie rief voll echter Begeisterung: „Jö! Das gibt es schon wieder?"
Im Nu war der Stand umringt, die Backformen gingen weg wie die frischen Semmeln.
Herr Spengler produzierte, was seine Arbeitskraft und die Keks-

dosen der Amerikaner hergeben konnten, die Leute rissen sich um seine Erzeugnisse.
„Und das war der Anfang von meinem Betrieb!" erzählte Herr Spengler nicht ohne Stolz. Seit einem Jahr ist er in Pension, ein wohlhabender Bürger seiner Stadt. Die florierende Firma hat er dem Sohn übergeben.
Der Sohn ist tüchtig und führt das Unternehmen hervorragend. Nur wenn eine Maschine einmal streikt, ruft er den Senior. Er würde zwar am liebsten statt der alten eine neue anschaffen, aber das läßt der Vater nicht zu. Der besieht sich den Schaden, denkt kurz nach, und dann repariert er ihn.
Der gehört noch nicht der Wegwerfgesellschaft von heute an.

Süsse Wohltätigkeit

Es ist leicht, in die Tasche zu greifen und für in Not Geratene zu spenden.
Das hätten wir vermutlich damals auch tun können, um einer Bürokollegin zu helfen, die, vom Ehemann verlassen, sich und ihre zwei kleinen Buben schlecht und recht durchbringen mußte. Aber eine so direkte Unterstützung hätte beleidigend wirken können, und das wollten wir vermeiden.
Wir taten's subtiler und viel, viel umständlicher.
Seinerzeit gab es auf dem Naschmarkt einen Standler, heute würde man Disconter sagen, der Bensdorp-Schokolade, die im Geschäft zwei Schilling kostete, um 1.60 verkaufte. Weil ich meine Einkäufe vor Arbeitsbeginn beim Gang über den Markt erledigte, erstand ich von Zeit zu Zeit eine Anzahl solcher Schokoladen verschiedener Geschmacksrichtungen und deponierte sie in einer gewissen Lade meines Schreibtisches. Wen im Lauf des Tages der Hunger überkam, der durfte sich ohne große Formalitäten einen Schokoladeriegel nehmen und dafür den Ladenpreis von zwei Schilling hineinlegen. Es wurde erstaunlich viel Schokolade konsumiert in jener Zeit, denn Naschhaftigkeit war in diesem Fall kein Laster, sondern Wohltätigkeit. Die Spanne zwischen Ein- und Verkaufspreis, jeweils 40 Groschen, wurde aufgehoben, zu gegebener Zeit wieder in Schokolade umgesetzt und der Kollegin für ihre Kinder überreicht.
Nicht genug damit. Jeder Konsument mußte, nachdem er seinen

Riegel genossen hatte, die möglichst unversehrte Schleife bei mir abliefern, da schaute ich streng darauf. Zerreißen oder wegwerfen war absolut verboten. Die Schleifen wurden gesammelt, denn bei der Firma Bensdorp gab es für eine gewisse Anzahl Schleifen als Belohnung wieder Schokolade.
Zur Weihnachtszeit hatten wir ein hübsches Bündel Schleifen beisammen. Ein Kollege wurde delegiert, sie in die Fabrik zu bringen. Im Triumph kam er mit der eingetauschten Schokolade zurück. Und die wurde, versteht sich, unserem Schützling als Weihnachtsgruß für ihre Buben überreicht.
Die Firma Bensdorp und ihre Schokoladeriegel gibt es in der alten Form nicht mehr.
Aber jetzt wird sie ja nicht mehr gebraucht, die Buben sind längst erwachsen. Und, wer weiß, vielleicht haben sie seit damals sogar eine Aversion gegen Schokolade.

Heinzelchen und Wichtelchen

Langsam ging es uns besser. Sehr langsam. Denn erst ab Mai 1953 gab es keine Lebensmittelmarken mehr.
Von Wohlstand konnte zwar noch immer keine Rede sein, aber es war doch schon möglich, das oder jenes zu kaufen, und die Weihnachtsgeschenke, die man einander machte, hatten schon einen bescheidenen Hauch von Luxus.
Da bei uns im Büro ein sehr familiäres Klima herrschte, gehörte das Beschenken zu Weihnachten einfach dazu.
Etwas Gemeinsames für den Chef, den bereits österreichischen – die Amerikaner der ersten Stunde waren längst heimgekehrt –, würde sich nach einigem Nachdenken erstehen lassen. Aber im Kollegenkreis konnte nicht jeder jeden beschenken, das überstieg unsere Mittel, schließlich waren wir ja fast zwanzig Personen. Nein, wir mußten uns ein System ausdenken, daß jeder mit geringem Aufwand ein Geschenk erhalten und keiner leer ausgehen würde.
Im Kindergarten meines Buben spielten sie ein Spiel, „Heinzelchen und Wichtelchen" wurde es genannt, das schien für unseren Zweck und unser kindliches Gemüt passend.
Sämtliche Namen wurden auf kleine Zettel geschrieben, jeder zog sich einen aus dem Hut. Der, den man gezogen hatte, mußte beschenkt werden. Niemand durfte verraten, wen er erwischt hatte, und niemand sollte erraten, von wem er sein Geschenk bekommen hatte.

Der materielle Wert des Präsents wurde nach allgemeiner Beratung mit einer geringen Summe limitiert, die den Schenkenden nicht belasten und den Beschenkten nicht beschämen sollte.
Eine geheimnisvolle Zeit begann. Jeder wußte ja, wen er zu beschenken hatte, er kannte ihn und seine Eigenheiten und fühlte sich verpflichtet, sich etwas Sinniges und womöglich Humorvolles auszudenken. Originalität wurde in unserem Kreise stets hoch geschätzt, da wollte sich keiner lumpen lassen.
Verraten durfte nichts werden, das war Bedingung. Aber hie und da fielen Andeutungen, wurden Vermutungen geäußert, falsche Spuren gelegt. Jeder tat natürlich kräftig mit, um die Spannung zu steigern.
Die Bescherung verlief, wie erwartet, sehr heiter. Die Geschenke wurden eins nach dem andern geöffnet, nicht gleichzeitig. Alle sollten teilnehmen und sich an Überraschung und Verblüffung der Beschenkten weiden können, wobei der Geber mit ungerührtem Pokergesicht bestrebt war, sich nicht zu verraten.
Manchmal gelang es, ihn auf Anhieb zu erraten, aber die meisten hatten sich so geschickt getarnt, daß sie nicht entdeckt werden konnten. Und die Vermutungen zogen sich noch lange über Weihnachten hinaus hin.
Fröhliche Weihnachten, ja, das waren sie wirklich.
Kindisch? Sicher. Aber kindliche Freude gehört zu Weihnachten, nur ist sie leider oft verlorengegangen.

Zum Aufsagen vor dem Christbaum

Was nützt euch ein langes Gedicht!
Zum Aufsagen komm ich ja nicht.
Denn seh ich den Christbaum, die Kerzen,
die Zuckerln, die Lebzeltenherzen –
so viel gibt's zu schaun und zu essen –
da würd ich die Verse vergessen.
Drum lern ich kein langes Gedicht,
denn aufsagen tu ich's doch nicht.

Weihnachten bei uns zu Hause

Weihnachten bei uns zu Hause begann eigentlich schon lange vor dem Heiligen Abend, und das war vielleicht das Schönste daran. Adventkalender waren damals noch nicht üblich. Aber meine Eltern verstanden es, die Festtagsfreude auf andere Art zu steigern und zum Höhepunkt zu führen.
Da wurden schon Wochen vorher, wenn in den Konditoreien die Christbaumbehänge erschienen, besonders schöne Stücke erworben.
Meist holte ich an der Hand meiner Mutter den Papa an der Endstation des H 2 ab, wenn er aus dem Büro kam. Unser Heimweg führte bei der Pötzlbergerischen Konditorei vorbei.
Und wenn ich brav gewesen war, durfte ich mir ein besonders schönes Stück aussuchen, einen Schokoladepapagei, in buntes Stanniol gewickelt, der auf einem Metallring schaukelte, oder einen Engel, einen Zwerg, ein Silbersäckchen mit rosa Kügelchen darin und dergleichen Köstlichkeiten mehr.
Das Beutestück des Tages brachte ich im Laufschritt nach Hause, denn ich konnte es kaum erwarten, es ins Fenster zu legen. Über Nacht wurde es nämlich vom Christkind geholt, zu dem ich ja bekanntlich gute Beziehungen hatte.
Kaum hatte ich in der Früh die Augen aufgeschlagen, lief ich schon ans Fenster, um das Christkind zu kontrollieren. Tatsächlich: das Ding war fort!

Ich wußte also, daß das Christkind allabendlich bei uns vorbeikam. Ein stimulierender Gedanke, der äußerste Bravheit direkt zum Vergnügen machte.
Eines Tages mußte auch ein Brief verfertigt werden. „Liebes Christkind, ich wünsche mir..."
Als ich noch nicht schreiben konnte, wurde der Brief von mir gezeichnet oder vom Papa nach meinem Diktat geschrieben.
Später verfaßte ich ihn dann selbst.
Die Wünsche waren mannigfaltig.
Ein Wunsch stand immer auf der Liste: „... und viele Bücher."
Etwas vergaß ich immer: „... und einen großen Christbaum", und flickte es erst dann, nachdem mich meine Eltern darauf aufmerksam gemacht hatten, hinzu. Der Christbaum war so selbstverständlich. Daß man den noch ausdrücklich erwähnen mußte, ging mir nicht ein.
Am Tag der Tage, am Nachmittag des 24. Dezember, wurde ich zu meiner Tante abgeschoben, der „Tante Reisser", die Frau des „Pepi-Onkel". Warum sie „Tante Reisser", er aber „Pepi-Onkel" hieß, das weiß ich bis heute nicht.
Die Tante verwöhnte mich sehr und spielte wunderschön mit mir. Trotzdem war ich nicht ganz bei der Sache, denn es schwebte über dem Nachmittag eine zu große Spannung vor den Ereignissen des Abends.
Aber endlich war es soweit.
Wir zogen die Mäntel an und machten uns auf den Weg nach Hause. Die Zimmertür war verschlossen, aber es dauerte nicht lange, so

läutete das Glöckchen, die Tür öffnete sich, der Christbaum stand da, die Kerzen brannten, so wie es sich gehört. Aber der Christbaum war ja nur Dekoration. Man mußte feststellen, ob auch alle ins Fenster gelegten Christbaumstücke drauf hingen.

Richtig interessant wurde er erst im Lauf der nächsten Tage, wenn man begann, ihn langsam leerzuessen.

Im Augenblick gab es jedoch Wichtigeres: die Geschenke.

Solange ich klein war, durfte ich sie sofort in Besitz nehmen.

Später dann mußte diese Freude erst durch Aufsagen eines Weihnachtsgedichtes verdient werden, das nach dem ersten Englischunterricht sogar in englischer Sprache zu sein hatte. Das belastete mich nicht sonderlich, sondern war nur eine lästige Verzögerung.

Als ich aber Klavierspielen lernte, mußte ich statt des Gedichtes etwas Weihnachtliches am Klavier spielen. Die Schwierigkeit steigerte sich im Lauf der Jahre, aber immer, ob in C-Dur oder mit vier Kreuzen, klang es in „Stille Nacht“ aus, das die Eltern samt Onkel und Tante mitsangen (der Onkel brummte ein bißchen falsch).

Das Leben wurde immer schwieriger.

Nun aber stand der endgültigen Besitzergreifung nichts mehr im Wege.

Aber kaum wollte ich zu spielen beginnen, wurde zum Essen gerufen.

Das traditionelle Weihnachtsessen des Heiligen Abends bestand bei uns aus gebackenem Seefisch und Erdäpfelsalat. Karpfen erschien zwar einmal auf dem Festtisch, wurde aber von Papa und mir mit Mißtrauen beäugt und nur unter Protest gegessen. Mutti mußte sich

weitere kulinarische Abenteuer versagen, und es blieb beim Seefisch.
Ferner gab es jedes Jahr als Weihnachtsmehlspeise ein Erdäpfelbrot, so groß wie ein Wagenrad, von der Mutter nach einem Spezialrezept zubereitet und vom Bäcker, der ja im Haus war, im Backofen gebakken. Und von diesem Riesending kam durch Tage hindurch zu Frühstück und Jause ein Scherzel auf den Tisch und wollte nicht weniger werden.
Ich streikte und hielt mich an die Schokolade vom Christbaum.
Aber Erdäpfelbrot mußte sein, da bestand mein Vater darauf. Es war Familientradition.
Wenn dann endlich die lästige Zeremonie des Weihnachtsessens vorbei war, zog ich mich in einen stillen Winkel zurück und begann, meinen Bücherberg und gleichzeitig den Christbaum anzuknabbern. Was die andern trieben, kümmerte mich nicht.
Ich war für die Welt verloren.

Da war Weihnachten no schön

Waßt no, wia der Christbaum brennt hat?
Wunderkerzen, Engelhaar –
„Mama! Schnell des Sodawassa!"
Mir san gstanden alsa nassa –
Na, wann des ka Weihnacht war!

Denkst no an des „Weihnachtsglöcklein"?
Klane Finger am Klavier –
„Leichte Fassung mit drei Kreuzen" –
feuchte Augen, Rührung, Schneuzen –
manchmal siech i's no vor mir …

Waßt no, wia der Pepi-Onkel
des Theater bastelt hat?
Hamlich – d'Kinder solln's net wissen –
mit Beleuchtung, mit Kulissen,
mit Figuren an an Draht?

Denkst no an das Weihnachtsgansl,
guat sechs Kilo schwer und fett?
Alle san beim Rupfen g'sessen.
Drei Tag nix als Gansl essen!
Freilich, des vergißt ma net.

Waßt no, wia ma jeden Abend
fleißig tan habn im Advent?
Zuckerln wickeln, Ketten schneiden,
Nuß vergolden voller Freuden –
wer sich jetzt so freuen könnt!

Denkst no an die Weihnachtsliader
mit die vielen falschen Tön?
Und so guat hat's damals g'rochen:
so nach Christbaum und nach Kochen –

da war Weihnachten no schön…

Die Krippe

Sie ist nicht antik, aber alt.
Sie ist nicht schön, aber selbstgemacht.
Meine Krippe stammt aus der Zeit, als das Fernsehen noch nicht Einzug gehalten hatte in die Stuben und das Abendprogramm meist aus Radiohören und Handarbeit jeglicher Art bestand. Meine diesbezüglichen Fähigkeiten ließen sich, so sehr ich mich auch bemühte, nicht sonderlich weit entwickeln.
Es gab da verschiedene Perioden: die Periode des Netzens – des Erzeugens von Einkaufsnetzen in diversen Größen und Farben –, die Periode des Teppichknüpfens, der Petit-point-Stickerei, der Bauernmalerei und, damit nähere ich mich dem Thema, die Periode des Laubsägens.
Mit der Laubsäge habe ich in der Unterstufe des Gymnasiums, im Zeichenunterricht, umgehen gelernt. Die Erinnerung daran ist keine freundliche. Denn es war mühselig, ein Sägeblatt einzuspannen und dann an einem wehrlosen Stück Holz herumzusäbeln, worauf das Sägeblatt protestierte, riß und ersetzt werden mußte. Schlimm wurde es, wenn besondere Feinheiten ausgesägt werden sollten, man dazu erst ein Loch ins Holz bohren, durch dieses das Sägeblatt durchfädeln, dann am Bogen festschrauben und zu sägen beginnen sollte. Das Sägeblatt mußte eingeseift werden, um es geschmeidiger zu machen, was aber nicht viel half und die Qual kaum minderte. Nun sollte man meinen, mir wäre nach diesen

kläglichen Versuchen die Lust zu jeglichem Laubgesäge auf Lebenszeit vergangen.
Aber viel später, ich war schon erwachsen und Mutter eines schulpflichtigen Sohnes, die Zeiten waren schlecht, das Geld rar, begann ich wieder zu sägen, sogar freiwillig, um selbst herzustellen, was ich um teures Geld nicht kaufen konnte oder wollte: eine Weihnachtskrippe.
Das Gebäude für den Stall stammte aus früheren Bastelversuchen, war als Futterhäuschen für Vögel gedacht, aber nie verwendet worden, weil wir keinen Garten besaßen, die Vögel in unserer Wohngegend rar waren und den ergiebigeren Burggarten als Futterplatz vorzogen. Diesem Gehäuse spendete ich ein Dach aus Bast, dadurch kam es meiner Vorstellung eines orientalischen Stalles nahe.
Nun konnte ich mich an die Herstellung der Figuren machen. Sie zu entwerfen war leicht, zeichnen konnte ich nach wie vor gut. Ich pauste die Entwürfe auf Laubsägeholz, und zu meinem Erstaunen gelang das Sägen, das dem Kinde Schweißhände bereitet hatte, nunmehr ganz mühelos. Das Bemalen war eine Freude, das Lackieren mit farblosem Lack eine Patzerei, aber notwendig.
Und seither besitzen wir eine Krippe, die zu Weihnachten aufgestellt und zu Dreikönig wieder weggeräumt wird.
Ich hätte sie ja im Lauf der Jahre, unansehnlich wie sie ist, gerne verschwinden lassen. Das aber ließ mein Sohn nicht zu.
Und jetzt, viele Jahre später, besteht meine Enkelin darauf, daß die Krippe aufgestellt wird. Das darf nämlich sie tun, und sie nimmt ihre Aufgabe sehr ernst. Den Engel, der einen Stern in den hoch-

erhobenen Händen hält, versucht sie auf dem Dach der Krippe zu befestigen, was nie gelingt, der Ochse bekommt seinen Platz im Hintergrund, daß es keinen Esel gibt, wird mir Jahr für Jahr vorgeworfen. Warum es keinen gibt, weiß ich nicht genau, vermutlich, weil ich mit Tierzeichnungen immer Probleme hatte und gerade keine passende Vorlage zur Hand war, die ich hätte abzeichnen können.

Am meisten Beifall finden zwei anachronistische Figuren, mich selbst und meinen kleinen Buben als Krippenbesucher darstellend. Der Bub im Dufflecoat, mit Schirmmütze und dickem Schal, faltet andächtig die Hände, ich selbst trage einen hellblauen Mantel, eine schwarze Wollmütze, habe eine Umhängetasche und die Hände in den Manteltaschen vergraben.

„Gelt, Oma, so hast du und der Papa ausgeschaut! Wie alt war er damals?“

Jahr für Jahr die gleichen Fragen, das gleiche Ritual. Noch immer kann ich die Krippe nicht loswerden, so gern ich es möchte, weil mir das Verpacken und Verstauen in der Rumpelkammer lästig und zu viel Aufwand für ein paar weihnachtliche Tage ist.

Aber mit Tradition kann nicht so leicht gebrochen werden, solange Kinder mitzureden haben.

Denn nicht die Alten sorgen für Tradition, die Kinder sind es, die darauf bestehen, daß alles genau so bleibt, wie es immer war.

Mei stille Nacht

Daß ma vua die Feiertag
viel zum tuan hat, is ka Frag.
Weil i mir alls einteiln tua,
hab i dann auf d'Letzt mei Ruah.
Bis auf a paar Klanigkeiten
gar ka Arbeit, nur mehr Freuden.

Gründlich lüften no die Zimmer –
staubgesaugt wird heute nimmer –
und den Ofen zünd i an,
daß ma's urndlich warm habn dann.
Blumen gießen net vergessen!
Nur was Gschwinds zum Mittagessen.
(Soll i'n Seefisch außibachen?
Vorigs Jahr hat der so g'rochen!)

No nix 'kocht. Ma fragt si: Wia
is die Abwasch voller Gschirr?
Eier kochen und an Zeller,
herrichten die schönen Teller,
Mist muaß i gschwind abitragen,
und mein Mann werd i no fragen,
was die Mutter trinken will.
Ob i d'Eier jetzt schon füll?

Schinkenrollen, an Salat –
jessas na, die Marinad! –
nachschaun, ob die Öfen brennen.
Welche Glaseln? Heut die schönen!
Fallt schon ab, der frische Bam.
D'Nadeln kehr i do no zsamm.
Kerzen ham ma gnua, die roten.
Und von „Stille Nacht" die Noten
richt i her glei am Klavier.
Is im Eiskasten gnua Bier?

Jetzt die Torten schön garnieren
und den Hund no Gassi führen,
und die Butter aus'n Eis,
und die Keks no aus der Speis,
die Geschenke gschwind ins Zimmer.
Maniküren, des geht nimmer,
Haareindrahn werd i mir sparen.
No an Sprung am Friedhof fahren.
D'weiße Blusen muaß i begeln,
Futter streuen für die Vögeln,
Küch aufwaschen und das Klo –
auf ans, zwa san d' Gäste då.

Bis auf a paar Klanigkeiten
gar ka Arbeit, nur mehr Freuden.

Unser Weihnachtsrepertoire
spieln ma so wia jedes Jahr.
Dann gehn s' alle in die Metten.
I bleib z'Haus und mach die Betten,
tua no lüften, Gschirr abwaschen,
wegräumen die leeren Flaschen,
und des Wurschtzeug und des Brot
heb i auf, es is do schåd.
Bröseln zsammkehrn – kriagn die Spatzen –
Wachs vom Teppich abikratzen,
die Papierln, die Kartandeln,
die verbrenn i, und die Bandeln
heb i auf für nächstes Jahr.
Kost viel Geld. Na, is' net wahr?
Wer i morgn den Wecker hörn?
Dann kummt 's Gansel in die Röhrn...

Und wia s' dann im Radio spieln
so was von der Nacht, der stillen,
irgendwas von süaßer Ruah,
falln ma schon die Augen zua.

„Frohes Fest, Herr Inspektor!“

Der Verkehrsposten, der auf der Kreuzung stand und den Verkehr durch Handzeichen regelte, ist jetzt kaum mehr zu finden.
Damals, als es noch keine automatisch funktionierenden Ampeln gab, war er ein wichtiger Mann, wenn er in seiner weißen Uniform als wahrer Verkehrsknotenpunkt dastand, ein Fels in der Brandung, den Arm hob und senkte, beide Arme ausbreitete, mit beschleunigenden Bewegungen die Autos antrieb oder mit dem Zeigefinger winkte und gelegentlich auch drohte.
Jeder hatte seine persönliche Note, und mancher war sogar zum Liebling der Wiener geworden, der „Fesche Pepi“, etwa, der meist an der Ecke Ring – Babenbergerstraße mit so viel Schwung und so musikalischen Handbewegungen den Verkehr dirigierte, daß man ihn den „Toscanini“ der Kreuzung nannte.
„Unser“ Verkehrsposten stand auf der Kreuzung Getreidemarkt – Gumpendorferstraße. Auf ihn war meine Familie am meisten angewiesen, denn alle unsere Wege führten an ihm vorbei, und das mehrmals am Tage: mein Weg ins Büro, und der Weg meiner Mutter, mit meinem kleinen Buben an der Hand, in den Burggarten.
Da kannte man einander natürlich vom Sehen. Und es war selbstverständlich, daß es ein Lächeln, ein Nicken herüber und hinüber gab, und daß der Herr Inspektor, sobald er uns erblickte, sofort die Kreuzung freigab.
Das war immer ein freundlicher Tagesbeginn.

Es herrschte also zwischen uns und unserem Verkehrspolizisten ein durchaus freundschaftliches, ja familiäres Verhältnis. Wenn man einander länger nicht gesehen hatte, rief man ein paar freundliche Worte hinüber: „Ja, wo waren Sie denn so lange? Hoffentlich nicht krank?“ oder „Sie haben so eine gute Farbe, waren Sie auf Urlaub?“
Zu Weihnachten oder zu Neujahr haben wir immer ein kleines Päckchen zurechtgemacht mit Zigaretten, Süßigkeiten oder einer Flasche Wein, das durfte dann der Jüngste der Familie dem Herrn Inspektor überreichen. Der sah den Buben schon kommen, machte die Kreuzung frei, der Knirps marschierte zu ihm, wünschte ein frohes Fest, der Herr Inspektor bedankte sich durch ein strahlendes Lächeln bei uns Erwachsenen, die wir am Straßenrand standen, für das Geschenk. Er hielt die Kreuzung so lange offen, bis der Bub sicher auf dem Gehweg stand, dann erst durfte der Verkehr weiterrollen.
Und kein Autofahrer hat ungeduldig gehupt.
Oft stand der Verkehrspolizist vor den Feiertagen inmitten eines kleinen Berges von Geschenken, aber niemand hat das „Bestechung“ genannt, und es war ja auch keine, sondern nur ein Zeichen der Dankbarkeit und des guten Einvernehmens.
Heute hat der Getreidemarkt eine automatische Ampelanlage, mit der kann man keinen persönlichen Kontakt mehr pflegen.

Der Trittroller

Jeder von uns hat seine Erinnerungen an Spielzeug, das er geliebt oder auch nicht so sehr gemocht hat. Weihnachten ohne Spielsachen – das gab es einfach nicht. Und wenn man sich nichts mehr zum Spielen wünschte, war die Kindheit vorbei.

Freilich ist man seinerzeit nicht so überschüttet worden mit Geschenken. Es ging ja viel sparsamer zu. Ich kann mich auch nicht erinnern, daß Spielzeug, dem man entwachsen war, weggeworfen wurde. Man gab es, weil das Kind angehalten war, mit seinen Sachen sorgsam umzugehen, in noch durchaus gutem Zustand weiter.

Das Problem der Müllberge existierte damals noch nicht. Alles wurde ausgenutzt bis aufs letzte. Was der eine weggab, konnte der andere noch gut gebrauchen, und wenn es dem nicht mehr dienen konnte, war immer noch jemand da, der dafür Verwendung hatte.

Mir und vielen meiner Generation war die Wegwerfgesellschaft, die sich mit dem Wohlstand entwickelte, immer unheimlich. Erst jetzt, wo uns das Weggeworfene über den Kopf zu wachsen droht und man sich auf Wiederverwertung besinnt, beginne ich mich wohler zu fühlen.

Den Kinderwagen, den ich im Jahr 47 erstand, hatte ich durch private Vermittlung bekommen. Ein wahres Glück, denn Kinderwagen wurden damals noch nicht produziert. Er war erst von einem einzigen Kind benutzt worden, dem Knäblein einer jungen Architektin,

stammte also aus gutem Haus, zwar kein Luxusmodell, aber durchaus stabil und gepflegt. Mein Säugling lag, beziehungsweise fuhr noch so lange in ihm, bis er in einen sogenannten Sportwagen umstieg. Die Frage „Wohin mit dem alten Trumm?“, die einem heutzutage den Ankauf so manchen Gegenstandes erschwert, stellte sich damals nicht, weil schon eine andere werdende Mutter auf das Vehikel wartete. Von hier ab verliert sich die Spur. Ob es dann schon ausgedient hatte oder vielleicht noch aufs Land kam, weiß ich nicht.
Zurück zum Spielzeug. Im Lauf der Zeit hat es sich gewandelt, der Mode angepaßt, manches aber ist völlig verschwunden, obwohl es doch in den verschiedensten Varianten lange Zeit sehr beliebt war.
Zum Beispiel der Trittroller.
Gibt es ihn noch? Kaum. Er wurde einerseits vom Fahrrad, andererseits von den Rollschuhen und den verwegenen Skateboards verdrängt.
Aber als ich ein Kind war, liebte man die Trittroller sehr. Die Buben in der Vorstadt bastelten sie selbst aus rohen Holzbrettern und Kugellagern statt der Räder.
Mit diesen Fahrzeugen sausten sie unter ohrenbetäubendem Lärm abschüssige Gehsteige hinunter, daß die alten Frauen ärgerlich die Köpfe schüttelten.
Unsereins hatte Roller aus dem Spielwarengeschäft, schön lackiertes Holz mit kleinen Rädern, die Gummiauflagen hatten und daher kein Geräusch verursachten. Ich liebte meinen Roller sehr und ließ mich auch stolz mit ihm photographieren. Ein Dreirad, die unausgesprochene Sehnsucht meiner früheren Jahre, war mir nicht

beschieden gewesen, mein erstes Fahrzeug war also, gleich nach Kinderwagen und Schlitten, der Roller.
Einen Trittroller hatte damals fast jedes Kind, und alle sausten beglückt mit hochrotem Kopf darauf kreuz und quer herum. „Trink nichts Kaltes, wenn du erhitzt bist!" war die ständige Mahnung der Mütter.
Die Trittroller hielten sich zäh. Auch nach dem Zweiten Weltkrieg begann man sie allmählich wieder herzustellen. Mein Bub hat natürlich, das war in den fünfziger Jahren, auch einen bekommen, ähnlich dem, den ich als Kind besessen hatte. Damit fuhr er wie viele andere im Burggarten umher und ärgerte den einarmigen Parkwächter.
Einmal, in der Vorweihnachtszeit, ich war dienstlich in Frankfurt, schaute ich mich dort in den Spielwarengeschäften um, wo es viel mehr und Luxuriöseres zu kaufen gab als bei uns.
Ein Trittroller stach mir besonders ins Auge. Er war aus Metall, hatte große, dicke Räder mit Reifen wie bei einem Fahrrad, und er besaß einen Bremsknopf. Wenn man auf den stieg, hob sich hinten ein Plättchen, auf dem „stop" stand.
Ein Rolls-Royce unter den Rollern!
Ich umkreiste das Prachtstück lang, überschlug im Geist mein Budget für Weihnachten. Billig war er nicht, aber ich mußte ihn einfach haben. Und ich kaufte ihn, für meine letzte Mark.
Jetzt aber wurde es schwierig. Ich mußte dieses prächtige, wenn auch sperrige Trumm vom Spielwarengeschäft ins Hotel schieben, quer durch Frankfurt, und dabei der Versuchung widerstehen, auf ihm zu fahren. Ich mußte dafür sorgen, daß er vom Hotel zum Flugplatz gebracht und im Flugzeug mit Vorsicht verladen wurde,

dann in Wien ein Taxi finden, das so ein unhandliches Gepäckstück unterbringen konnte.
Während dieser komplizierten Transaktionen habe ich es hundertfach bereut, mich auf eine solche Weihnachtsüberraschung eingelassen zu haben.
Der Roller mußte natürlich versteckt werden und wurde erst am Heiligen Abend heimlich in die weihnachtliche Stube gebracht.
Die Freude war groß. Zuerst bei der Bescherung, besonders aber, als der Bub ihn ausführen durfte, sobald es das Wetter erlaubte.
Die Begeisterung hielt auch in der schönen Jahreszeit an. Denn so einen Roller gab es in ganz Wien nicht! Sein Besitzer wurde beneidet, durfte von nun an bei der Gangsterjagd im Burggarten den Boss spielen, rollte auf den dicken Luxusrädern beglückt im Kreis, erhitzt wie eh und je.
Als er in das Alter kam, wo man für diese Spiele nichts mehr übrig hat, war der Trittroller noch immer intakt und durchaus ansehnlich. Meine Freundin, die ihren Knaben erst später bekommen hatte, wollte das gute Stück kaufen für ihren Maxi zu Weihnachten.
Dem stand nichts im Wege, der Handel kam zustande.
Auch Klein Max zeigte sich vor dem Lichterbaum beglückt von dem Luxusgefährt, so wurde mir berichtet. Nach den Feiertagen kam ich zu Besuch, nahm mir den Kleinen her und fragte ihn hinterlistig: „Na, Maxi, was hat dir denn das Christkind gebracht?"
Und der Knabe, damals noch mit einem leichten Sprachfehler behaftet – er konnte kein R aussprechen –, antwortete strahlend: „Einen Holler!!"

Lob der Technik

„Die Technik is a rechte Plag!“
so stöhnen d’Leut fast jeden Tag.
Ich aber möcht das widerlegen:
die Technik is aa oft a Segen!
Zum Beispiel an an Tag wia heut,
wann dich’s Allanigsein net gfreut,
druckst nur am Knopf – und in Sekunden
bist mit dem ganzen Land verbunden.
Denn so a Radioprogramm
bringt uns a bissel näher zsamm.
Man hört’s getrennt und doch gemeinsam.
Und plötzlich is ma nimmer einsam.

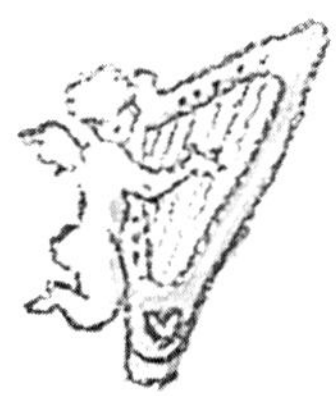

Ein besonderes Geschenk

Eines Tages, knapp vor Weihnachten war es, hat die Tochter einen Fernsehapparat gekauft, einen kleinen, wie sich das für kleine Leute gehört, und eigentlich mehr zum Ausprobieren. Wer weiß, ob es ihnen überhaupt gefallen wird, das Radio war ihnen bisher ja mehr als genug.
Wenn man denkt: erst der Detektor, dann der Lautsprecher, später der Volksempfänger. Den hat sie weggeworfen, wie die Tochter einen eleganteren Apparat gekauft hat. Und jetzt der Fernsehapparat.
Sie kann sich noch erinnern an das Weihnachtsfest. Sie haben immer ein Bäumchen gehabt mit dem Christbaumschmuck von anno dazumal, kein Erdäpfelbrot mehr, wie es der Josef gern gehabt hat – was hat man sich schon geschenkt, ein paar Spielsachen für den Buben, etwas Notwendiges für die Tochter, und wenn die Tochter ihr etwas Unnotwendiges geschenkt hat, war immer ein bisserl Verdruß. Bei der Bescherung damals hat die Tochter das Tuch abgehoben von dem merkwürdigen Kistel, das im Wohnzimmer gestanden ist, und vor dem sind sie dann gesessen ein paar Stunden lang und haben sich vorspielenlassen Stille Nacht von den Sängerknaben gesungen. Eigentlich hätte jetzt der Verdruß kommen müssen, weil der Fernsehapparat doch wirklich nicht notwendig und ein Luxus war, trotzdem war die Mizzi nicht bös' und wollte gar nicht schlafen gehen, weil das ein wunderbares Geschenk war.
Wie sie längst im Bett war, hat sie gehört, daß die Tochter heimlich

noch einmal aufgedreht und noch einmal Stille Nacht gehört hat, ganz leise. Da hat sie ein großes Glücksgefühl gespürt, wie wenn ein neues Zeitalter angebrochen wäre. Das Fernsehen war für sie, als ob ihre Welt auf einmal größer würde, als ob sie sich aus ihrem Zimmer erheben könnte und davonschweben als ein freierer Mensch.
Für die Tochter war das Fernsehen bald nichts Besonderes mehr, man schaut oder man schaut nicht, wie man halt Zeit hat. Und dem Buben darf man es nur zeitweise erlauben, sonst würde es ihn zu sehr ablenken von den Schulaufgaben.
Aber für einen älteren Menschen wie sie, der am liebsten zu Hause sitzt und strickt, für den ein Theaterbesuch zu teuer und auch zu mühsam ist, für den eine größere Reise aus finanziellen und gesundheitlichen Gründen nicht in Frage kommt, für einen solchen Menschen bringt das Fernsehen alles ins Haus.
Am liebsten täte sie jeden Tag das ganze Programm sehen. Nur leider, gerade dann, wenn es am interessantesten wird, will die Tochter mit dem Buben lernen und dreht den Fernseher ab. Die Mizzi seufzt leise und geht ins Bett. Sie darf nicht ungerecht sein: Viel hat sie gesehen, was ihr sonst nicht vergönnt gewesen wäre. Wie der Toni Sailer gewonnen hat, immer wieder gewonnen hat, und wie es den armen Teufel, den Buddy Werner, immer im letzten Moment hingestreut hat, oder wie der Chruschtschow und der Kennedy in Wien waren, der Empfang in Schönbrunn – und die Mizzi war dabei, zwar in Hausschuhen und Schlafrock, aber immerhin dabei!

Ein Ehepaar singt „Stille Nacht“

Stille Nacht, heilige Nacht
    Mir scheint gar, der Bam steht schief.
Alles schläft, einsam wacht
    Dabei is des Kreuz massiv.
Nur das traute, hochheilige Paar
    Nie mehr so a großes Trumm.
Holder Knabe im lockigen Haar
    Hoffentlich fallt er net um.
Schlaf in himmlischer Ruh
    Unterlegen hätt i was solln.
Schlaf in himmlischer Ruh.
    D’Kerzen soll der Teufel holn.
Stille Nacht, heilige Nacht
    Tropffrei san s’? Daß i net lach.
Hirten erst kundgemacht
    Wiar i gsagt hab, er is z’hoch.
Durch der Engel Halleluja,
    Wirklich schad um die Marie.
Tönt es laut von fern und nah,
    Nächstes Jahr, da kauf ihm i.
Christ, der Retter ist da,
    Nur an klan’, hab i mir g’schworn.

Christ, der Retter ist da.
                D'Männer san do alle Narrn.
Stille Nacht, heilige Nacht
                D'Kinder san ja längst scho groß.
Gottes Sohn, o wie lacht
                Für uns zwaa an Bam, für wås?
Lieb aus deinem göttlichen Mund
                D'Arbeit bleibt dann mir allaa.
Da uns schlägt die rettende Stund
                Ganz a klaner täterts aa.
Christ in deiner Geburt
Christ in deiner Geburt.
                Is halt do a schönes Liad.
                Paß auf, daß nix brennert wird!
                Schau, was hat dir's Christkind bracht?
                Willst a Kekserl? Hausgemacht!
                Blas ma'n aus, am besten glei.
                So, d'Bescherung wär vorbei.
                Wart, i hol no gschwind den Wein,
                und dann schalt ma's Fernsehn ein.

Narrisch kulinarische Feiertage

Leuteln, was san des für herrliche Zeiten!
Wer kann den Wohlstand von heut no derreiten?
Heiliger Abend ist Fast-Tag seit je.
Da gibt's ka Fleisch. Nur an Aal in Gelee,
Kaviar, freilich den roten, den teuern.
Und weil s' ja demnächst erhöhen die Steuern,
trink ma Champagner. Französisch. Der schmeckt,
findst net? viel besser als irgend a Sekt.

Christtag, zu Mittag, bei Hedi und Hansel,
eß ma, versteht sich, ka ordinärs Gansel,
dort gibt's an Turkey, mit Trüffeln gefüllt.
Vorher an Cocktail, erstklassig gekühlt,
hintennach Käs in verschiedenen Sorten,
waachen mit Schimmel, mit Löcher den harten,
und nur aus Frankreich, genau wia der Wein.
Was bei uns wachst, is ja lang net so fein.

Nachmittag wird, wia des is so seit Jahren,
jausnen zur Schwiegermama umigfahren.
Von an Kaffee is natürlich ka Red,
nur Irish Coffee, denn anders geht's net.

Dann gschwind no außi zum Nachtmahl zur Mama.
Jedes Jahr gibt's dort beim Essen a Drama;
weil sie nix halt' auf die Nouvelle Cuisine,
stopft s' uns und füattert s' uns mit Kalorien.

Na, am Stefanitag, net zu vergessen,
ladt uns die Steffi zum Namenstagessen.
Dort ißt man leicht, aber sehr elegant:
Consommé;, Austern und noch allerhand
Schnecken und Muschelsoufflé, Artischocken,
dazu Champagner, nur Magnum und trocken.
Und dann als Nachspeis Orangen-Parfait
oder a warms Schokoladen-Soufflé.

Vier Tag is Pause, dann kommt der Silvester.
Da gibt's a Party beim Mann seiner Schwester.
Smoking und Abendkleid. Er is Bankier.
Jedes Jahr machen s' a Riesenbuffet,
Hummer, Langusten und Rebhuhnpasteten,
Lachsscheiben, Shrimps, also nix für Asketen.
Sauschädel aa, nett garniert in Aspik,
zwar ordinär, aber sonst hast ka Glück.

San dann die Feiertag g'sund überstanden,
hab i an Wunsch, ganz an extravaganten:
Endlich allaa sein in Patschen kommod
und dabei kiefeln a trockenes Brot!

Weihnachtszeit

Still sind die Stuben.
Mädchen und Buben
zählen die Tage,
stellen die Frage,
wenn's draußen schneit:
Wann ist's soweit?
Was wird das Christkind
heuer uns bringen?
Zeit voller Freud –
Weihnachtszeit.

Still sind die Gassen,
liegen verlassen.
Und aus den Räumen
strahlt von den Bäumen
freundliches Licht,
das zu uns spricht.
Wärmt uns die Herzen
mit seinen Kerzen.
Zeit voller Freud –
Weihnachtszeit.

Weihnachtslied

Nacht ohnegleichen,
Nacht voller Zeichen,
daß vielleicht heute ein Wunder geschieht.
Fürchte dich nicht,
zünd an ein Licht,
bald wird die Finsternis weichen.

Singen wir wieder
uralte Lieder,
wird uns so seltsam, so kindlich zumut.
Schmückt einen Baum,
glaubt an den Traum,
und alle Menschen sind Brüder.

Weihnacht heißt Glauben
an unsre Welt,
Weihnacht heißt Hoffnung
für unsre Welt,
Weihnacht heißt Liebe
zu unsrer Welt,
Weihnacht heißt Frieden
für diese schöne Welt.

A jüdisches Kind

Dem Charme unseres Weihnachtsfestes kann sich kaum jemand entziehen.
Es muß für Angehörige anderer Kulturkreise und Religionen, die es zu uns verschlagen hat, sehr schwer sein, dem großen Sog unseres Festes Widerstand zu leisten. Vor allem: wie es den Kindern begreiflich machen?
Eine alte Dame, die, in Wien geboren, ihren Lebensabend in Israel verbringt, erinnert sich:
Weihnachten 1916. Spärlich beheizte Wohnung, bescheiden gedeckter Tisch, armseliger Christkindlmarkt, Mangel an schönen frischen Tannenbäumen, die sich die Kinder zu diesem Lichterfest wünschen. Trübseliger, trauriger, kalter Kriegswinter.
Weihnachten ohne Weihnachtsbaum? Schon der Mizzi zuliebe müssen wir doch einen Baum haben. Mizzi, die bei uns wie ein Kind im Hause war. Bitte, Mutti, wenigstens einen ganz kleinen Baum, auch wenn er nicht echt ist!
Er war nicht echt. Ein kleines, unscheinbares Bäumchen, aus Papiermaché, eine Attrappe, Karikatur eines Baumes, nicht dazu angetan, ihn anzusingen: O Tannenbaum, o Tannenbaum, wie grün sind deine Blätter. Immerhin groß genug, um ein paar weiße Kerzen an ihm anzubringen, die während der spärlichen Bescherung angezündet wurden. Mit den Kerzen mußte man sparsam umgehen, denn auch die waren rar und teuer. Kleine, unscheinbare Geschenke

lagen unter diesem Möchtegern-Bäumchen, das jeden Moment umzukippen drohte.
Und schon geschah das Malheur: das arme Bäumchen fiel zur Seite und fing an den Kerzen Feuer. Der Christbaum ging in Flammen auf.
Er wird ja nur fälschlicherweise so genannt. Der Weihnachtsbaum ist ein Symbol des Lichts, und die alten Germanen feierten dieses „Julfest" aus Freude darüber, daß die Tage wieder länger werden und es wieder aufwärts geht, dem Licht entgegen. Es ist ein bloßer Zufall, daß diese beiden Feste zeitlich zusammenfallen. Mit der Geburt Christi hat der Weihnachtsbaum nichts zu tun.
Der Baum brannte lichterloh, wir standen wie gelähmt vor Angst, das Feuer würde um sich greifen. Nur unsere tüchtige Mizzi wußte, was zu tun war. Resolut und geistesgegenwärtig kam sie mit einem Kübel Wasser, tauchte einen Fetzen hinein und hieb so lange auf die Flammen ein, bis der ganze „Feuerzauber", ohne weiteren Schaden anzurichten, erloschen war.
Ohne Schaden anzurichten? Ich weiß nicht...
Mizzis Kommentar zu dieser Begebenheit war nämlich: „Ja ja, das ist die Straf, weil a jüdisches Kind hat an Christbaum haben müssen."

Christbaum vor dem Rathaus

Der Christbaum
vuan Rathaus
kummt jeds Jahr
aus an anderen
Bundesland.
Weil die Freund
in die Bundesländer
denen in Wean
gern
von Zeit zu Zeit
an Bam
aufstelln.

Was schenk ich heuer?

Weihnachten wär gar net übel,
gäb's net allweil das Gegrübel:
Was soll ma an jeden schenken?
Schließlich will ma niemand kränken.
Darum mach i mir a Listen,
daß i niemanden vergiß, denn
sonst gibt's nix wia Peinlichkeit.
Die paßt net zur Weihnachtszeit.

Da wär amal die Familie.
Unser Erbtant, die Emilie,
die zwar selber nie was auslaßt,
ob a Halstuach ihr, a blau's paßt?
Handgemalt, aus reiner Seiden?
Dabei kann i s' eh net leiden.
Für den Onkel Kasimir
gibt's a Kisten Pilsner Bier.

Unsern Großonkel, dem Otto,
schenk ma a Familienphoto,
und sei Tochter, die Mariandel,
kriagt a Palatschinkenpfandel,
meine Nichte, diese Nocken,
höchstens a Paar Tennissocken.

An Tabak fürn Engelbert,
denn mehr is mir der net wert.

Meine Freundin, die Hermine,
kriagt a Regenpelerine.
Vorigs Jahr war s' grad net nobel.
Wer braucht scho a Vorleggabel.
Meiner Nachbarin fürs Giaßen
wer i aa was schenken müassen.
D'Hälfte Pflanzen is verreckt.
Da genügt a Flaschel Sekt.

Für mein Mann Spirituosen
und drei neue Unterhosen.
Meiner Tochter gib i heuer
wieder Geld. Die kummt uns teuer.
Schon seit Monat tuats mi quälen
wegn ihrn Flug auf die Seychellen.

Nein, ich halt nix vom Kommerz.
Hauptsach is, ma schenkt mit Herz.

Ein Tag wie jeder andere

Eines nebelgrauen Tages im November kehrte Frau Mühlberger mit schreckgeweiteten Augen nach Hause zurück. „Stell dir vor, was ich heute gesehen hab! Sie hängen schon die Weihnachtsdekorationen auf!“

Ihr Mann, auf das Schlimmste gefaßt, entspannte sich, seufzte erleichtert und griff zur Zeitung, die er in Erwartung von schrecklichem Unheil hatte sinken lassen.

„Das ist ja nichts Neues. Passiert jedes Jahr“, brummte er und widmete sich dem Sportteil. „Jedes Jahr werden in Wien, aber auch in Amstetten und St. Pölten und Mistelbach und was weiß ich wo noch die Straßenbeleuchtungen mit Girlanden und Kerzen und Kugeln gespickt, damit noch mehr Strom aufgeht. Was dich da so aufregt, möcht’ ich wissen.“

„Freilich jedes Jahr“, sagte Frau Mühlberger. „Aber immer früher wird es. Bald werden sie schon zu Schulbeginn damit anfangen. Dann kann man den Kindern die Schultüte auf dem Christkindlmarkt kaufen!“

„Wenn schon!“ murmelte Herr Mühlberger und las weiter.

„Aber die Stimmung, Papa, wo soll denn da eine Weihnachtsstimmung aufkommen!“ jammerte sie und begann in der Küche ihr Einkaufsnetz auszuräumen.

Irgendwann hatte Herr Mühlberger einen Vornamen gehabt, nur war er ihm im Laufe eines langen Ehelebens abhanden gekommen.

Er konnte sich selber kaum mehr daran erinnern, ebensowenig wie an den Vornamen seiner Frau.
„Schau, Mama, was geht uns die Weihnachtsstimmung an? Die Kinder sind erwachsen, die fahren zu Weihnachten zum Skilaufen oder nach Afrika, für die haben wir den ganzen Zirkus lang genug mitgemacht. Aber jetzt ist endlich Ruhe. Für mich ist Weihnachten ein Tag wie jeder andere."
„Papa, hast du Zirkus gesagt?" empörte sich Frau Mühlberger. „Das ist wieder typisch Mann. Wer hat denn den Nikolo gespielt, wie die Kinder klein waren? Wer hat denn unbedingt den Christbaum selber kaufen müssen – und ein Vermögen hat er jedes Mal gekostet, und viel zu groß war er, jedes Jahr haben wir ihn absägen müssen, damit er ins Zimmer paßt –, wer hat denn unbedingt den Baum selber aufputzen müssen? Wer war denn bei ‚Stille Nacht' immer zu Tränen gerührt? Wer? Wer? Du! Und jetzt redest du von Zirkus! Das ist wirklich allerhand!"
Frau Mühlberger schneuzte sich beleidigt und geräuschvoll.
„Aber es war doch ein Zirkus!" verteidigte sich Herr Mühlberger. „Tagelang, was sag ich, wochenlang diese Unordnung! Das eine Zimmer sogar abgesperrt, damit die Kinder den Christbaum nicht sehen. Überhaupt Christbaum, wenn ich nur dran denk, was das für eine Plag war, den heimzuschleppen! Bis er dann überhaupt grad gestanden ist und gehalten hat in dem Kreuz! Einmal, kannst dich erinnern, ist er uns sogar umgefallen, aufgeputzt wie er war! Und schon am Vierundzwanzigsten hat er angefangen zu rieseln. Zu Silvester war er so trocken, daß ich mich nicht einmal getraut hab, die

Kerzen anzünden, wegen der Explosionsgefahr. Den Dreikönigstag hab' ich kaum mehr erwarten können, und du auch, Mama, gib's doch zu. Wenn ich an das Zersageln von dem stechenden Trumm denk, bricht mir jetzt noch der Schweiß aus. Mit dem Fuchsschwanz, ohne Black und Decker! Nein, mein Bedarf an Weihnachten ist bis an mein seliges Ende gedeckt!"

Herr Mühlberger drehte energisch den Fernseher auf und gab damit das Signal, daß er nicht mehr gestört werden wollte.

Frau Mühlberger sah ein, daß nun bis zum Schlafengehen kein Gespräch mehr möglich war, und zog sich stillschweigend in die Küche zurück.

Aber am nächsten Morgen, beim Frühstück, kam sie wieder auf das Thema Weihnachten zu sprechen.

„Und wie werden wir zwei heuer Weihnachten feiern, Papa?" begann sie harmlos.

„Was heißt, wie? Weihnachten ist für mich ein Tag wie jeder andere. Von mir aus können wir auf den Friedhof fahren am Vormittag und dann fernsehen. ‚Licht ins Dunkel' rennt ohnehin den ganzen Tag, du siehst ja gern die vielen Prominenten. Und wenn du willst, kannst was spenden, von mir aus. Dann siehst du sogar deinen Namen auf dem Fernsehschirm, falls dir das was gibt. Dein Weihnachtsgeld hab ich dir ja schon gegeben, daß du dir was kaufen kannst. Und mir wirst du doch hoffentlich nichts schenken, das war ausgemacht. Untersteh dich!"

Frau Mühlberger antwortete nicht. Sie strich sich gedankenvoll etwas Butter auf eine Semmel und träufelte Honig darauf. Daß sie

nichts sagte, machte Herrn Mühlberger unruhig. Er hatte wenigstens einen milden Protest erwartet.
„Oder? Was denn willst du machen zu Weihnachten, Mama?“ fragte er herablassend. Ihre Vorschläge waren meistens absurd und konnten leicht abgelehnt werden. Schließlich mußte er das Geld beisteuern, also hatte er die gewichtigeren Argumente bei der Mitsprache.
„Willst du am Ende wieder wegfahren wie damals vor zwei Jahren, nach Barbados? Wo wir uns totgeschwitzt haben vor Hitze, wo uns in der Nacht die Mücken sekkiert haben? Und der lächerliche Christbaum in der Hotelhalle, den der Hotelier aus Kanada hat einfliegen lassen! Nur Engländer und Amerikaner, das Personal lauter Schwarze, kein deutsches Wort – wenn da bei dir Weihnachtsstimmung aufgekommen ist, freß ich einen Besen!“
„Aber wer redet von Wegfahren, Papa!“ sagte Frau Mühlberger und schenkte ihrem Mann Kaffee nach. „Nein, wir bleiben zu Hause und machen es uns gemütlich. Könnten wir uns nicht heuer ein stimmungsvolles Fest machen, was meinst?“
Und als Herr Mühlberger unwillig widersprechen wollte, wurde sie so süß wie der Honig auf ihrer Semmel.
„Wo doch heuer unser Jubiläum ist! Vor vierzig Jahren haben wir uns unter dem Christbaum verlobt, hast du das vergessen?“
Daß die Frauen so ein peinlich gutes Gedächtnis haben müssen, dachte Herr Mühlberger. Sie erinnern sich an alles. Leider nicht nur an freudige Ereignisse, auch an wenig Erfreuliches, das man sich einmal zuschulden hatte kommen lassen. Alles war im weiblichen Computerhirn gespeichert und konnte nach Bedarf abgerufen wer-

den. Vorsichtshalber verzog er sein Gesicht zu einem überraschten Lächeln. „Vierzig Jahre? Ist mir viel kürzer vorgekommen, Mama!" Charmant tätschelte er ihr die Hand.

Wie sie ihr Gedächtnis konnte er seinen Charme nach Bedarf abrufen.

„Und da wünsch' ich mir eigentlich nichts anderes als einmal wieder Weihnachten im alten Stil zu feiern", setzte sie fort, fest entschlossen, seine freundliche Stimmung auszunutzen. „So wie früher, weißt du? Wie damals, bei unserer Verlobung, mit Keks, Bischofsbrot, Punsch..."

„Vanillekipferln...", sagte er verklärt.

„Einen Adventkranz sollten wir auch wieder haben!" schwärmte sie.

„Aber dann auch einen Christbaum!" sagte er.

Da wußte Frau Mühlberger, daß sie gewonnen hatte.

„Und zu Mittag Fisch!" lockte sie.

„Und selbstgebastelten Christbaumschmuck!"

„Und Stille Nacht selber singen!"

„Ihr Kinderlein kommet!"

„Es wird scho glei dumper!"

Wie wenn sie sich einen Ball zuwerfen würden, flogen die Ideen hin und her.

„Aber wen laden wir ein?" fragte Frau Mühlberger plötzlich. „Mit den Kindern ist nicht zu rechnen, die kommen erst zu Dreikönig zurück."

„Wer war denn damals dabei, vor vierzig Jahren? Kannst du dich noch erinnern?"

„Na hör einmal, so was vergißt man doch nicht! Natürlich meine Eltern und deine Eltern und mein Onkel mit der Tante, und deine Tante, die verwitwete, sieben Personen, mit uns beiden neun."
„Viel zu viel. Damals wär ich viel lieber mit dir allein gewesen..."
„Heuer sind wir allein, endlich allein, und jetzt ist es dir auch wieder nicht recht!" lächelte Frau Mühlberger kokett.
„Wenn wir schon auf der Nostalgiewelle schwimmen wollen, dann müßten wir auch alle die einladen, die damals dabei waren!" grinste Herr Mühlberger boshaft.
„Dann müßten wir auf dem Friedhof feiern, das weißt du ganz genau, denn ausgraben können wir die Verwandtschaft schließlich nicht!"
„Sei nicht so makaber. Weihnachten ist ein Freudenfest!" sagte Herr Mühlberger und schaute sittsam drein.
Damit brachte er seine Frau immer zum Lachen. Und miteinander zu lachen ist in einer alten Ehe wichtig.
Ja richtig, sie lachte. Aber aufgeben tat sie nicht, die Mama. „Gäste müssen sein!" sagte sie beharrlich. „Die gehören einfach dazu! Es müssen ja nicht unbedingt Verwandte sein. Wir nehmen Leute, die einsam sind –"
„Du willst doch aus unserer Wohnung keine Wärmestube machen oder so einen Caritas-Club, wo die Leute ein Schalerl Kaffee und ein Stück Guglhupf kriegen, und ein Packerl Keks für zu Hause. Damit verschonst du mich doch hoffentlich!"
„Aber nein, Papa, wer denkt denn an so was! Ich hab' da eher an die Frau Beranek bei uns im Parterre gedacht, und vielleicht noch an

meine Schulkollegin, die Edith. Die sitzen immer zu Weihnachten allein zu Hause, erstens, weil sie niemanden haben, und zweitens, weil sie sich mit dem Fortgehen schwer tun, die Beranek sieht im Dunkeln schlecht und die Edith geht am Stock. Aber nett sind sie alle beide. Was meinst, Papa?“
Herr Mühlberger tat einen tiefen Seufzer.
„Also gut. Von mir aus. Wenn du dir die Arbeit antun willst, bitte. Lad in Gottes Namen die zwei ein. Ich werd's überleben. Nur mit mir rechne bitte nicht bei den Vorbereitungen. Ich werd den Christbaum besorgen. Aber damit hat sich's.“
Er hatte sein Frühstück beendet und schlüpfte im Vorzimmer in Schuhe und Überrock.
„Lieb von dir, Papa!“ sagte Frau Mühlberger. „Den Adventkranz wirst du doch auch kaufen, gelt? Du findest immer so schöne...“
„Also gut, auch den Adventkranz!“
Herr Mühlberger beeilte sich, aus dem Haus zu kommen. Er kannte seine Frau. Wenn die einmal in Fahrt war, regnete es Aufträge für ihn. „Servus!“ sagte er zwischen Tür und Angel, dann war er draußen.
Sie merkte es kaum, denn sie war bereits am Telefon, um die liebe Edith anzurufen und sie für den Heiligen Abend einzuladen. Der Beranek würde sie es auf dem Weg zum Einkaufen sagen. Auf alle Fälle mußten die Einladungen schon heute erfolgen, damit ihr Mann es sich nicht anders überlegte. Es war zwar noch gute fünf Wochen hin, aber sie kannte ihn, er war imstande, mit einem Weihnachtsarrangement für zwei Wochen Teneriffa in der Tasche nach Hause zu kommen.

Und sie wollte heuer justament daheim bleiben.
Die liebe Edith war überrascht und ließ sich eine Weile bitten, drückte herum mit: „Ich will euch nicht stören… an so einem Tag ist man doch lieber im Familienkreis… ich bin gern allein…“, um dann schließlich zu enden: „Also gut. Aber nur unter einer Bedingung: Ich bring was zum Essen und Trinken mit, du mußt mir nur sagen, was.“
Frau Mühlberger versprach es und hatte hiermit Ediths Zusage. Mit Frau Beranek war es leichter. Die war sofort bereit, ein bißchen verschämt, aber doch beglückt stürzte sie sich förmlich auf die Einladung.
Als Herr Mühlberger am Abend nach Hause kam, berichtete ihm seine Frau, daß die beiden Damen zugesagt hätten und er zur gegebenen Zeit den Ankauf von Adventkranz und Christbaum in Angriff nehmen könne.
Diesmal gingen Frau Mühlberger die Vorbereitungen leichter von der Hand als sonst. Direkt beflügelt war sie von dem Gedanken, im trauten Heim ein stimmungsvolles Fest auszurichten für zwei einsame Herzen, die vermutlich nachher überall herumerzählen würden, wie schön die Mühlbergerischen Weihnachten gewesen waren. Und für ihren Mann. Ja, für den auch. Für den sollte das Fest besonders stimmungsvoll sein, schließlich hatte er sich ja mit ihr verlobt, oder sie mit ihm, was sich nach vierzig Jahren nicht mehr so leicht feststellen ließ.
Herr Mühlberger entledigte sich seiner Aufgabe pflichtgemäß und – auch das wäre zu berichten – mit einigem Vergnügen, was er allerdings nie zugegeben hätte. Er gustierte lange, ob er den rotbebän-

derten Adventkranz mit den roten Kerzen oder lieber den in Rosa nehmen sollte, entschied sich aber schließlich für den eleganten mit den goldenen Kerzen und Goldbändern.
Und weil er vom Gold so angetan war, entschloß er sich, seiner Frau einen besonders hübschen und gar nicht billigen Ring zu kaufen. Jetzt konnte er es sich zum Glück leisten. Seinerzeit wurde ein Verlobungsring aus Sparsamkeit gar nicht in Erwägung gezogen, sie kauften Eheringe und trugen sie zur Verlobung am linken Finger, nach der Hochzeit am rechten. Der Ring von heuer konnte also durchaus als verspäteter Verlobungsring angesehen werden.
Das Aufhängen des Adventkranzes war nicht einfach. Es gelang ihm, mit Zuhilfenahme einer Leiter unter etlichen kräftigen unchristlichen Flüchen das Prachtstück am Türstock zu befestigen, so daß er, der Kranz, zwischen Wohnzimmer und Eßzimmer frei schwebte, gerade hoch genug, daß man unter ihm durchgehen konnte, ohne mit dem Kopf daran zu stoßen.
Den Christbaum hatte er auf dem Markt lange und sorgfältig ausgesucht. Ein Jammer, daß die prächtigsten Bäume so groß waren, um vielleicht in eine Hotelhalle, aber niemals in eine Wohnung, und sei sie auch noch so hoch, zu passen. Endlich hatte er den richtigen, nicht zu hoch und nicht zu breit, schön ebenmäßig gewachsen, daß man ihn von allen Seiten wohlgefällig betrachten konnte, nicht nur die Schauseite. Dieses Prachtstück paßte sogar in den Christbaumständer, den er im Abstellraum gesucht und ganz hinten etwas verstaubt, aber durchaus intakt gefunden hatte, zusammen mit dem Karton Christbaumschmuck.

Nachdem er ihn mit einiger Wehmut ausgepackt hatte – an jedem Stück hing ein bißchen Erinnerung –, ließ er es sich nicht nehmen, den Baum so wie früher aufzuputzen.
Frau Mühlberger war damit ganz zufrieden. Für solche langwierige Geduldsarbeiten war sie nie zu haben gewesen. Sie war mit den kulinarischen Vorbereitungen beschäftigt.
Die Vanillekipferln – seit Jahren hatte sie keine mehr gebacken – gerieten nicht so ebenmäßig, wie sie sich das vorgenommen hatte, schmeckten aber, wie ihr Mann versicherte, vorzüglich. Sie hatte ihm zwei, drei zerbrochene zum Kosten gegeben, mußte ihn aber dann verscheuchen, die Kipferln in eine Dose packen und verstekken. Wie damals vor den Kindern, lächelte sie in sich hinein.
Trotz aller guten Vorsätze, ein geruhsames Fest zu verbringen, geriet sie doch ein bißchen in Hektik. Wieder einmal hatte sie sich zu viel vorgenommen.
Am Heiligen Abend traf sie die letzten Vorbereitungen im Laufschritt zwischen Küche und Wohnzimmer – warum mußte das Vorzimmer so lang sein? Als das Haus gebaut wurde, hatte man eben noch Dienstboten, heutzutage mußte man selber laufen.
Um fünf Uhr, als Frau Beranek läutete, auf die Minute genau, wahrscheinlich hatte die arme Seele in ihrem Vorzimmer mit der Uhr in der Hand gewartet, bis sie kommen dürfe, um fünf Uhr war alles fertig. Frau Mühlberger hatte noch die Schürze in der Küche ablegen und sich mit dem Kamm durchs Haar fahren können.
Herr Mühlberger stand zur Begrüßung bereit, hatte sich sogar von seinen Hauspatschen getrennt und die zum dunklen Anzug passen-

den neuen Schuhe angezogen. Hoffentlich drücken sie ihn nicht, dachte Frau Mühlberger besorgt, sonst wird er nämlich grantig.
Kaum hatten sie die Beranek begrüßt, als es schon wieder läutete und die liebe Edith vor der Tür stand, etwas mühselig, denn sie hatte trotz ihres Stocks auch noch etliche Päckchen und einen Blumenstrauß in den Händen.
Verlegen tänzelten die vier im Vorzimmer herum, legten die Mäntel ab oder versuchten, beim Ablegen behilflich zu sein, kamen einander ständig in die Quere und machten dabei krampfhaft höfliche Konversation.
„Bitte, legen Sie doch ab!"
„Wohin darf ich denn die Packerln geben?"
„Sie werden doch keine Geschenke mitgebracht haben, das war ausgemacht!"
„Die Damen kennen sich noch nicht – Frau Beranek, meine Schulfreundin Edith!"
„Aber ich bitte Sie, nicht der Rede wert!"
„Papa, nimm doch der lieben Edith den Stock ab!"
„Mama, gibst du die Blumen ins Wasser?"
„Bitte, Frau Beranek, hier herein. Da ist ein Spiegel, aber Sie sind ja ohnehin schön!"
Endlich waren die beiden Gäste ins Wohnzimmer verfrachtet und zum Niedersetzen gebracht.
Der Adventkranz baumelte nun unter der Deckenlampe, genau in der Mitte des Zimmers. Herr Mühlberger hatte ihn auf Wunsch seiner Frau und nicht ohne Protest seinerseits von seinem früheren Platz im

Türstock heruntergeholt, weil sich sonst die Tür nicht schließen ließ. Und geschlossen sollte die Tür werden, weil im Eßzimmer der Christbaum stand.
Ein Christbaum durfte erst sichtbar werden, wenn „das Christkind da war", das verlangte die Tradition.
Frau Beranek und die liebe Edith bewunderten den eleganten güldenen Kranz nach Gebühr. „Heute müssen alle vier Kerzen brennen, nicht?" sagte Frau Beranek, und Herr Mühlberger stieg auf ein Stockerl, vorsichtig, die Sohlen der neuen Schuhe waren noch gefährlich glatt, und zündete die Kerzen, alle vier, schuldbewußt an. „Nur nicht herunterfallen!" sagte Frau Beranek und stützte das Stockerl.
„Keine Angst!" lachte Herr Mühlberger und hüpfte leichtfüßig herunter, was ihm einen seltsamen Blick seiner besseren Hälfte eintrug. Sie brachte gerade auf einem Tablett vier Gläser mit dampfendem, duftendem Punsch herein. Jeder bekam eins, nippte andächtig und betrachtete ebenso andächtig den prächtigen, nun im Kerzenschimmer funkelnden Adventkranz. Eine Pause entstand. Der oft zitierte Engel flog durchs Zimmer, was ja zu Weihnachten nicht weiter verwunderlich gewesen wäre.
„Was jetzt im Fernsehen ist?" wollte Herr Mühlberger die unangenehme Stille überbrücken.
„Kein Fernsehen heute!" sagte Frau Mühlberger sanft, aber bestimmt. „Leg eine Platte mit Weihnachtsliedern auf. Und wenn das Christkind kommt", setzte sie neckisch hinzu, „wird uns die liebe Edith am Klavier das ‚Stille Nacht' spielen!"

Die Platte, bereits vorbereitet, wurde aufgelegt und abgespielt, man saß im Kreis herum, hörte zu, summte das eine oder andere Lied mit, nippte am Punsch.
„Der steigt einem in den Kopf!“ sagte Frau Beranek und lüftete die Bluse.
Schließlich stand Frau Mühlberger geheimnisvoll lächelnd auf und schickte sich an, ihren Mann mit den Damen allein zu lassen.
„Soll nicht vielleicht ich –“ erhob er sich fragend aus seinem Fauteuil.
Frau Mühlberger drückte ihn, immer noch lächelnd, in den Sitz zurück. „Du bleibst sitzen, Papa, ich mach das schon!“ Und fort war sie.
Man hörte sie im Nebenzimmer hin- und hereilen.
Alle spitzten die Ohren, und wirklich, nach kurzer Zeit läutete das Glöcklein.
„Das Christkind war da!“ Die liebe Edith sprach es verklärt und erhob sich mit Hilfe ihres Stockes aus dem Sessel. Die anderen waren auch aufgestanden. Die Tür öffnete sich, Frau Mühlberger stand strahlend da, und im Hintergrund strahlte der Christbaum.
„Jö!“ sagte Frau Beranek. „Schön ist er!“
Frau Mühlberger geleitete ihre Freundin zum Klavier, das bereits erwartungsvoll geöffnet war.
„Stille Nacht...“ begann sie zu spielen und auch zaghaft zu singen.
Die anderen hatten sich um den Christbaum gruppiert und fielen ein. Wider Erwarten ging es ganz gut und klang passabel.
Während der dritten Strophe allerdings machte Herr Mühlberger einen Sprung, der die Damen erschreckte.

„Was hast denn, Papa?“ schrie Frau Mühlberger auf.
„Der Adventkranz!“ stammelte er. „Der Adventkranz brennt!“ Er stürzte ins Nebenzimmer, riß den Kranz geistesgegenwärtig herunter, der fiel auf die darunterliegende Perserbrücke, Herr Mühlberger hüllte den glosenden Kranz in den Teppich ein und eilte, so schnell ihn seine Füße trugen, in die Küche, wo er das gefährliche Paket in die Abwasch warf und reichlich Wasser darüberfließen ließ.
Als die Gefahr gebannt war, gesellte er sich eilig zu seinen Damen, die vor Schreck erstarrt um den Christbaum standen, wie er sie verlassen hatte.
„Kein Grund zur Aufregung, alles unter Kontrolle!“ sagte er beschwichtigend, kam sich ein bißchen wie James Bond vor und begann die dritte Strophe von „Stille Nacht“. Die Stimmung war wiederhergestellt.
Man schritt zur Geschenkeverteilung. Jeder öffnete die ihm zugedachten Päckchen, tat überrascht und erfreut und gab die üblichen Glücksäußerungen von sich.
„Nein, wunderbar! Wie hast du nur gewußt…“
„Aber das ist ja viel zu viel!“
„Wie aufmerksam! Gerade das hab ich mir immer schon gewünscht!“
Was man halt so zusammenlügt bei solchen Gelegenheiten.
„Papa, hörst du nichts?“ Frau Mühlberger hatte immer schon gute Ohren gehabt. „Da ist so ein komisches Geräusch… da rauscht doch was…!“
„Vielleicht regnet es!“ meinte die liebe Edith und legte sich den neuen Schal um.

Frau Mühlberger war ins Vorzimmer geeilt und von dort in die Küche.
Ein schriller Schrei: „Um Gottes willen, Papa!"
Herr Mühlberger lief hinaus, die beiden Damen hinterdrein.
In der Küche stand Frau Mühlberger bis zu den Knöcheln im Wasser, und noch immer rauschte es.
Mit einem flotten Sprung hechtete Herr Mühlberger zur Abwasch und drehte den Hahn zu. In dem wohlgefüllten Becken schwamm der verkohlte Adventkranz, noch halb in den Teppich eingehüllt.
Es wurde ein unvergeßlicher Abend.
Als der erste Schock überwunden war, bildete man nach kurzer Beratung eine Eimerkette, schöpfte unter Zuhilfenahme sämtlicher verfügbaren Häferln, Reindeln und Kübel die Überschwemmung aus, wobei das Ehepaar sich seine zum Glück griffbereiten Gummistiefel anzog und im Zentrum der Katastrophe arbeitete, Frau Beranek die vollen Gefäße an der Schwelle übernahm und sie zur Klosetttür trug, wo die liebe Edith, der man eingedenk ihres Fußleidens einen statischen Posten zugeteilt hatte, sie ins Klo leerte.
„Hoffentlich ist zu den Gutenbrunn nichts durchgesickert!" stöhnte Frau Mühlberger.
„Dabei sind die ja über Weihnachten verreist!" jammerte die Beranek.
„Na also!" beschwichtigte Herr Mühlberger seine Damen. „Da werden sie es ja noch früh genug erfahren. Es muß auch gar nicht sein, daß was durchgesickert ist!"
„Und selbst wenn", meinte die liebe Edith, „so was zahlt die Versicherung."

Nach einer halben Stunde intensiver Arbeit war der Schaden behoben und die Küche fast wieder trocken und benützbar.
An den Christbaum hatte freilich niemand gedacht, doch zum Glück brannten die Kerzen zwar klein, aber noch friedlich vor sich hin.
Herr Mühlberger löschte sie besonders sorgfältig. Mit Katastrophen war er für diesen Abend versorgt. Nicht einmal geschimpft hatte seine Frau, stellte er beschämt und erleichtert fest.
Nach dem ausgestandenen Schrecken fand man sich erschöpft, aber in durchaus gelöster und fröhlicher Stimmung um den Wohnzimmertisch versammelt.
War am Anfang des Abends die Konversation mühsam und schleppend vor sich gegangen, sprudelte sie jetzt direkt über. Die gemeinsam ausgestandene und bewältigte Gefahr hatte sie sozusagen zusammengeschweißt.
Zum Glück waren die vorbereiteten Brötchen nicht überschwemmt worden und konnten mit Genuß verspeist werden. Herr Mühlberger öffnete den Sekt, den die liebe Edith mitgebracht hatte, dann noch eine Flasche aus eigenen Beständen. Und schließlich noch eine. Frau Mühlberger brachte ihre Vanillekipferln.
Es wurde sehr gemütlich. Ein unvergeßliches Fest.
Erst als Herr Mühlberger zu sehr später Stunde die beiden kichernden Damen hinunterbegleitet, Frau Beranek bei ihrer Wohnungstür abgeliefert und die liebe Edith ins Taxi gestopft hatte, entdeckte er es. Das Loch in seinem Sakkoärmel. Vermutlich hatte er sich zu nahe an den Christbaum gestellt und vor lauter Gemütsbewegung

nicht gemerkt, daß ihn eine Kerze angesengt hatte. Weihnachten machte ihn immer so verdammt rührselig.
Unter normalen Umständen wäre Herr Mühlberger wütend auf sich gewesen, aber an diesem Katastrophenabend kostete ihn der Schaden nur ein Lächeln. Nach den Feiertagen würde er eine Kunststopferei aufsuchen. Seine Frau brauchte gar nichts davon zu wissen.
Und noch etwas entdeckte er in seiner Sakkotasche: den Ring. Den hatte er über all der Aufregung ganz vergessen.
Er schloß die Tür auf und gab seiner Frau einen freundlichen Klaps auf die wohlgerundete Hinterseite.
„Schön war's!" sagte er, griff in seine Tasche, holte das Päckchen mit dem Ring hervor und legte es vor seiner Frau auf den Tisch. „Alles Gute zur Verlobung!"
Er angelte nach seinen Hausschuhen und pfiff sich ein fröhliches Weihnachtslied.
„Und was machen wir zu Silvester, Mama?"

Schon wieder Silvester

Papa, geh, schalt 's Radio ein,
denn es muaß glei zwölfe sein!
Auf die Fenster! I möcht gern,
wann s' heut läut', die Pumm'rin hörn.
Und den Sekt holts schnell vom Eis,
d'Fischerln liegn no in der Speis!
Auf der Straßen wenig Leut.
Guate Luft. Mir scheint, es schneit.
Jessas, aber jetzt hat's kracht!
Und der Rotzbua rennt und lacht!
Is der Kurti – kenn ihm eh.
Nur a Lärm is a Gaudee
für die Kinder. I will Ruah,
denn vom Schiaßen ham ma gnua.
Jugend, ja, was waaß denn de –
hast an Schlaf? Willst an Kaffee?
Wieder is a Jahr zu End.
Ja, die Zeit, de rennt und rennt…
War net schlecht, was manst, des Jahr.
Ehrlich: sei net undankbar!
Mir warn gsund, mir habn zum Leb'n.
Surgen, die wird's immer geb'n.
D'Tant Helen ham ma begrabn.

Neunzig Jahr, was willst denn habn.
Gott sei Dank, ganz leicht is' gsturbn.
Und die Hermi hat an Buam…
Bald a Leich und bald a Tauf' –
s'Leben nimmt halt seinen Lauf.
Na, der Urlaub war do schön –
bis auf d'Hitz – drunt in Athen!
Du, die Fjorde, hab i ghört,
san so äußerst sehenswert!
Montag kriag i an Prospekt.
Hansi, geh, wo bleibt der Sekt?
Was sagst? Rafen für den Wag'n?
Ja, die brauch ma. I wer fragn,
wann i s' siech, die Frau Dozent,
denn er kriagt da wo Prozent.
Ja, und weil i grad dran denk:
kaufen muaß i als Geschenk
für die „Silberne" vom Specht
Mokkalöffeln. Is dir recht?
Du, den Mantel hab i b'stellt,
nächste Wochen brauch i's Geld.
Waaßt no, wia ma seinerzeit
Decken g'färbt hab'n voller Freud,

und draus hab i Mäntel g'macht
für uns zwa. Des war a Pracht!
Denkst no an die Silberfisch?
Wia ma g'sessen san beim Tisch
aus die Erbsen Würmer klaubn?
Nix zum Hazen, nix zum Staubn,
und den allerletzten Tschick
ham ma 'teilt. Es is a Glück,
daß man niemals drauf vergißt.
Ja, die Zeiten, die warn trist!
Des hilft gegnan Übermuat.
Heut geht's uns ja oft zu guat.
Kinder – schnell, vergleichts die Zeit!
Liacht aus! Prost! Es is soweit!
Donauwalzer! Pummerin!
Busserln her und Busserln hin.
Papa! Walzer! Eins, zwei drei!
So! Und jetztn giaß ma Blei!

Silvesterspruch

Hört, ihr Freunde, laßt euch sagen:
Wieder hat es zwölf geschlagen!
Jahr für Jahr, am gleichen Tage
stellt man sich die bange Frage:
Was das neue Jahr wohl bringt,
ob es glückt, ob es mißlingt.
Wenn im Sekt die Perlen brausen,
fühlt man leichtes Nabelsausen.
Freunde, blickt getrost nach vorn,
blickt zurück auch, ohne Zorn!
Denn das jüngst vergangne Jahr
war, na, sag'n wir, annehmbar.
Manches war zwar nicht vonnöten,
und nicht oft konnt' man mit Goethen
um's Verweiln der Stunde flehn,
weil der, die und das so schön.

Als wir jung und knusprig waren,
Himmelsstürmer, süße Narren,
glaubten wir von jedem Jahre:
diesmal bringt's das Wunderbare!
Ruhm und Geld und noch mehr Ehre,
große Liebe, Weltkarriere!

Mählich lernt man sich bescheiden,
nippen an den kleinen Freuden.

Die Gesundheit wird dann wichtig.
Drum: lebt brav, ernährt euch richtig!
Arbeit, das sieht jeder ein,
muß gewissermaßen sein.
Hält sie ein erträglich Maß,
macht auch Arbeit manchmal Spaß.
Liebe wolln wir nicht vergessen.
Sind wir auch nicht drauf versessen,
wärmt sie doch zur rechten Stund
unser Herz und hält gesund.

Heute ist noch alles offen.
Laßt uns drum das Beste hoffen,
und im neuen wie im alten
Jahre den Humor behalten.
Eines sollten wir uns gönnen:
Oft und herzlich lachen können!

Zum Jahreswechsel

Des alte Jahr is nix mehr wert,
und jeder sagt direkt empört:
„Was alt is, is a Dreck
und ghörert längst schon weg!

Des neuche Jahr, des is no jung!
Frischwärts, ihr Freunde, und mit Schwung!
Des Leben is a Gspaß!
Was jung is, des is klaß!“

Und übers Jahr, zur gleichen Zeit,
da san ma wiederum so weit:
Was alt is, is a Dreck
und ghörert längst scho weg!

usw. usw.

A Jahr is bald um

Im Jänner is' finster, im Februar kalt,
im März kann ma hoffen: April ham ma bald!
Im Mai denkt ma fröstelnd: wann Juni scho wär!
Im Juli träumt ma vom August drunt am Meer.
Im September is' warm. Doch ma fragt sich: wia lang?
Im Oktober is a'm vuan November scho bang.
So jagt ma si selber, ma hofft und ma strebt,
und fragt im Dezember: wann hab i denn g'lebt?

Wer „Nütze den Tag!" gsagt hat, war gar net dumm.
Ma sollert dran denken. A Jahr is bald um.

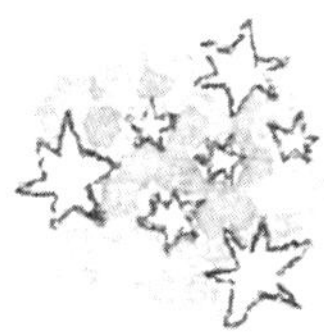

Neujahrswunsch für das liebe Mütterlein

Segen, Glück, Zufriedenheit,
Freude stets und Heiterkeit,
bringe Dir das Neue Jahr,
liebe Mutter, reichlich dar.

Laß Dich's bitte nicht verdrießen,
daß Du Dir am Marzipan-
schwein den Stiftzahn ausgebissen.
Schau, der Zahnarzt freut sich dran!
Daß grad bei dem Donauwalzer
unser Fernsehapparat
von sich gab den letzten Schnalzer,
und dem Papa war dann fad –
daß der Ofen, brav sonst immer,
heute rußt und brennt nicht rund –
schau, ein ungeheiztes Zimmer
ist für alle sehr gesund –
Mutti, auch die Fieberblase
wird doch eines Tages gut.
Freue Dich, die blaue Vase
ist jetzt endlich auch kaputt.

Segen, Glück, Zufriedenheit,
Freude stets und Heiterkeit,
bringe Tag für Tag Dir dar
so wie heut das Neue Jahr!

Prosit Neujahr!

I wünsch mir heut selber a Prosit Neujahr,
daß' neuche net schlechter wird, wia's alte war.

Daß mir im Lotto a Sechser gelingt,
daß d'alte Vokurka drüber zerspringt,
daß in die Mistkübeln Platz für mein Mist is,
und daß mei Zahnarzt net so a Sadist is,
daß bei der Klan' die Füaß langsamer wachsen,
und daß mein' Lausbuam vergehen die Faxen,
daß unser Schnupsi sei Lackerl gschwind macht,
daß wir des Bauernhaus kriagen in Pacht,
daß mir der Strudelteig amal net reißt,
und daß der Hund net die Hausmastrin beißt,
daß mitn Wagn und mi'n Mann nix passiert,
und daß des Schweinerne billiger wird,
daß i mi'n Wirtschaftsgeld auskommen tua,
daß mir die Kassa bewilligt die Kur,
und daß mein' Mann net so ausgehn die Haar –
i wünsch mir, mit an Wurt: a glücklichs Neujahr.

Sie manen, i soll mir was Besseres wünschen?
Sie glauben, i soll mir was Größeres wünschen?
Frieden und Menschlichkeit? Leuteln, gehts zua!
Allweil glaubt unserans: endlich wird Ruah!

Aber dann schiaßen s' und stehn wieder stramm,
haun uns den Frieden schön zizerlweis zsamm,
und wieder merkt man: es war nur a Tram.
I bin scho zfrieden mi'n Frieden daham.

Prosit

Wann dir die Mistbauern
und die Kanalräumer,
wann dir die Rauchfangkehrer
und aa dei Hausmeister,
wann dir die Briefträger
und aa die Sternsinger,

wann dir so viele Leut
recht von Herzen
gratuliern –

und du hast gar net gwußt,
daß' existiern –

dann kann dir eigentlich
im neuchen Jahr
nix passiern.

Aber a Kleingeld muaßt vorbereiten
beizeiten,
sonst kann i für nix
garantiern …

Neujahrsstimmung

Der Papa is no net rasiert,
die Tochter um den Mund verschmiert,
der Bua tuat mit die Erbsen knalln,
die Mama laßt a Häferl falln,
worauf s' dem Buam, wo s' ihm derwischt,
am erschten Tag glei ane zischt.

Der Haussegn hängt, mit an Wurt, schief.
Des Zimmer is voll kalten Mief.
„Die Fenster auf!" „Die Fenster zua!"
„Was gibt's zu Mittag?" „Gebts a Ruah!
Die Resteln müassen heute weg!
Suachts euch a jeder a Besteck,
und waschts euch halt an Teller å."
„I hab an Brand!" „Ja, Bier is da!
Zum Aufdecken is jetzt ka Zeit,
gschwind, gschwind, drahts auf, es is soweit!"

Und Papa, Mama, Tochter, Sohn
segn dann per Eurovision,
zwar übernachtig, doch verklärt,
voll Eintracht das Neujahrskonzert.
Sie hörn die Strauß-Walzer in Schlapfen
und inhaliern die letzten Krapfen,

sie segn, wia s’ tanzen, des Ballett,
wia’s Publikum sitzt im Parkett,
und sagn, im Schlafrock und Pyjama:
„I möcht net tauschen! Gell ja, Mama?“
„Radetzkymarsch! Schau! Alle paschen!“

Dann geht die Mama Gschirrabwaschen.

Jänner

A Jahr, solang's no frisch und jung,
des soll man angehn voller Schwung
und guate Vorsätz: sparsam sein,
und mäßiger bei Bier und Wein,
das Rauchen will ma reduziern,
und auch an Gwicht möcht ma verliern.
Des geht ganz leicht am Neujahrstag,
weil man – verkatert – eh nix mag.
Vorn Fernsehn, beim Neujahrskonzert,
ißt man an Rollmops, abgeklärt…
A nächsten Tag reißt ma si zsamm –
man hat ja schließlich a Programm!
Dann nimmt der Alltag seinen Lauf:
Geschenkumtauschen, Ausverkauf,
die Arbeit und die Schul fangt an
und aa der alte Schlendrian,
und alles is, wia's vorher war.

Vielleicht wird's trotzdem a guats Jahr…

Dreikönig in Dornbach
(Für Christa Scharinger)

Übern Himmelmutterweg
steign ma auffi. Unt der Dreck.
Obn, am Schafberg, liegt no Schnee.
Halt si länger in der Höh.
Guat tuat a'm die Winterluft.

Riachst was? So wia Weihrauchduft.
Hörst was? Wia wann wo wer singt.
Siegst was? Wiar a Stern, der blinkt.

Die Drei König, ernst und schwer,
stapfen durch den Schnee daher!
Gehn no um von Haus zu Haus,
räuchern alls mit Weihrauch aus,
auf den Türstock schreiben s' dann
K M B mit Kreiden an,
singen klar und rein a Liad,
daß a'm direkt eigen wird…
A paar Spenden nehmens schon,
dann gehns durch den Schnee davon.

Waaßt no? Grad so wiar am Land.
Is ma gar nimmer recht gwohnt.

Hast was? D'Nasen? Schneuz di halt!
Is ka Wunder. Heut is kalt.

Dreikönig

Wenn man zwei Wochen lang nur feiert,
dann ist man richtig ausgeleiert,
und schließlich weiß der beste Christ
nicht mehr, was dran zu feiern ist.
Zum Beispiel heute ist Dreikönig.
„Ein Feiertag! Schon wieder!“ stöhn ich.
Denn das bedeutet mancherlei:
daß dieser Tag wohl arbeitsfrei,
daß niemand heut Geschäfte tätigt,
und man drum alles, was benötigt
zum feierlichen Festesschmaus,
am Vortag tunlichst schlepp’ nach Haus.
Und wieder wird bekocht die Sippe.
Nach altem Brauch stellt man zur Krippe
die Weisen aus dem Morgenland,
und hört im Radio gespannt,
was es in Salzburg und Tirol
an Bräuchen alles geben soll.
Hier in der Stadt gibt’s keine Bräuche,

es sei denn einen: volle Bäuche.
Und dankbar geht die Hausfrau dran,
den Baum, der nur mehr rieseln kann,
zu liquidiern, im Herzen Jubel.
Zu Ende ist der ganze Trubel.
Und morgen, nach dem Schlendrian,
fängt's neue Jahr erst richtig an.

Quellen

Folgende Beiträge sind bereits in früheren Werken der Autorin erschienen:
„Dezember“ in „A Jahr is bald um“, S. 95
„Schnee“ in „Das g'wisse Alter“, S. 114
„Ich habe das Christkind gesehen“ in „Zimmer, Kuchl, Kabinett“, S. 111–114
„Advent“ in „Aus der Kuchlkredenz“, S. 71
„Naschmarkt im Advent“: Hochdeutsche Version in „Die Zeit ändert viel“, S. 152
„Kramperl und Niklo“ in „Aus der Kuchlkredenz“, S. 73
„Zum Vortragen bei einer Krampusfeier“ in „Trude Marzik's Wunschbüchl“, S. 23
„Das Nikolofest“ in „Zimmer, Kuchl, Kabinett“, S. 119–120
„Krampus und Momo“ in „Trude Marzik's Wunschbüchl“, S. 26
„Adventwunder“ in „Trude Marzik's Wunschbüchl“, S. 24
„Barbarazweigeln“ in „Aus der Kuchlkredenz“, S. 72
„Ein geheimer Wunsch“ in „Zimmer, Kuchl, Kabinett“, S. 117–118
„Christkindlmarkt“ in „Zimmer, Kuchl, Kabinett“, S. 118–119
„Am Goldenen Samstag“: Hochdeutsche Version in „Die Zeit ändert viel“, S. 154–155
„Gedanken vor Weihnachten“ in „A bissl Schwarz – A bissl Weiß“, S. 64
„Weihnachten 1900“ in „Zimmer, Kuchl, Kabinett“, S. 93–97
„Weihnachten 1945“ in „Hochzeitsreise '45“, S. 191–196
„Ein ganz kleiner Weihnachtswunsch“ in „Trude Marzik's Wunschbüchl“, S. 28
„Das Care-Paket“ in „Die Zeit ändert viel“, S. 137–140

„Zum Aufsagen vor dem Christbaum“ in „Trude Marzik's Wunschbüchl“, S. 27
„Weihnachten bei uns zu Hause“ in „Zimmer, Kuchl, Kabinett“, S. 113–116
„Da war Weihnachten no schön“ in „Aus der Kuchlkredenz“, S. 74
„Mei stille Nacht“ in „Trude Marzik's Wunschbüchl“, S. 29
„Frohes Fest, Herr Inspektor!“ in „Die Zeit ändert viel“, S. 124–126
„Lob der Technik“ in „A Jahr is bald um“, S. 97
„Ein besonderes Geschenk“ in „Mizzi“, S. 151–153
„Narrisch kulinarische Feiertage“ in „Wiener Melange“, S. 28
„Christbaum vor dem Rathaus“ in „Wiener Melange“, S. 14
„Schon wieder Silvester“ in „Aus der Kuchlkredenz“, S. 76
„Silvesterspruch“ in „Trude Marzik's Wunschbüchl“, S. 33
„Zum Jahreswechsel“ in „Trude Marzik's Wunschbüchl“, S. 32
„A Jahr is bald um“ in „A Jahr is bald um“, S. 98
„Neujahrswunsch für das liebe Mütterlein“ in „Trude Marzik's Wunschbüchl“, S. 12
„Prosit Neujahr!“ in „Trude Marzik's Wunschbüchl“, S. 9
„Prosit“ in „A Jahr is bald um“, S. 10
„Neujahrsstimmung“ in „A Jahr is bald um“, S. 11
„Jänner“ in „A Jahr is bald um“, S. 9
„Dreikönig in Dornbach“ in „A Jahr is bald um“, S. 12
„Dreikönig“ in „Trude Marzik's Wunschbüchl“, S. 10

Inhalt

Wenn wir „Weihnachten“ sagen · 5
Dezember · 6
Schnee · 7
Ich habe das Christkind gesehen · 8
Advent · 11
Naschmarkt im Advent · 12
Kramperl und Niklo · 14
Zum Vortragen bei einer Krampusfeier · 16
Das Nikolofest · 18
Krampus und Momo · 20
Adventwunder · 21
Advent der Nachbarn (1989) · 22
Barbarazweigeln · 24
Ein geheimer Wunsch · 25
Christkindlmarkt · 26
Am Goldenen Samstag · 28
Gedanken vor Weihnachten · 30
Weihnachten 1900 · 32
Weihnachten 1945 · 33
Ein ganz kleiner Weihnachtswunsch · 40
Das Care-Paket · 41
Christmas Party 1946 · 44
Not macht erfinderisch · 46

Süße Wohltätigkeit · 49
Heinzelchen und Wichtelchen · 51
Zum Aufsagen vor dem Christbaum · 53
Weihnachten bei uns zu Hause · 54
Da war Weihnachten no schön · 58
Die Krippe · 60
Mei stille Nacht · 63
„Frohes Fest, Herr Inspektor!“ · 66
Der Trittroller · 68
Lob der Technik · 72
Ein besonderes Geschenk · 73
Ein Ehepaar singt „Stille Nacht“ · 75
Narrisch kulinarische Feiertage · 77
Weihnachtszeit · 80
Weihnachtslied · 81
A jüdisches Kind · 82
Christbaum vor dem Rathaus · 84
Was schenk ich heuer? · 85
Ein Tag wie jeder andere · 87
Schon wieder Silvester · 104
Silvesterspruch · 107
Zum Jahreswechsel · 109
A Jahr is bald um · 110

Neujahrswunsch für das liebe Mütterlein · 111
Prosit Neujahr! · 113
Prosit · 115
Neujahrsstimmung · 116
Jänner · 118
Dreikönig in Dornbach · 119
Dreikönig · 121

Quellen · 123